公民教育讀本

蔡元培 編纂　周佳榮 導讀

商務印書館

公民教育讀本

編　　纂：蔡元培

導　　讀：周佳榮

責任編輯：吳一帆

封面設計：黎奇文

出　　版：商務印書館（香港）有限公司

　　　　　香港筲箕灣耀興道 3 號東滙廣場 8 樓

　　　　　http://www.commercialpress.com.hk

發　　行：香港聯合書刊物流有限公司

　　　　　香港新界荃灣德士古道 220-248 號荃灣工業中心 16 樓

印　　刷：美雅印刷製本有限公司

　　　　　九龍觀塘榮業街 6 號海濱工業大廈 4 樓 A 室

版　　次：2022 年 12 月第 1 版第 3 次印刷

　　　　　© 2019 商務印書館（香港）有限公司

　　　　　ISBN 978 962 07 6620 6

　　　　　Printed in Hong Kong

目錄

重印說明　i

內容解說　ii

例　言　*1*

上　篇

第一章　修　己

　　第一節　總論　3

　　第二節　體育　*5*

　　第三節　習慣　*10*

　　第四節　勤勉　*12*

　　第五節　自制　*14*

　　第六節　勇敢　*20*

　　第七節　修學　*25*

　　第八節　修德　*30*

　　第九節　交友　*35*

　　第十節　從師　*39*

第二章　家　族

　　　　第一節　總論　*41*

　　　　第二節　子女　*45*

　　　　第三節　父母　*53*

　　　　第四節　夫婦　*57*

　　　　第五節　兄弟姊妹　*60*

　　　　第六節　族戚及主僕　*64*

第三章　社　會

　　　　第一節　總論　*67*

　　　　第二節　生命　*73*

　　　　第三節　財產　*76*

　　　　第四節　名譽　*82*

　　　　第五節　博愛及公益　*86*

　　　　第六節　禮讓及威儀　*93*

第四章　國　家

　　　　第一節　總論　*97*

　　　　第二節　法律　*100*

　　　　第三節　租稅　*102*

　　　　第四節　兵役　*103*

　　　　第五節　教育　*105*

　　　　第六節　愛國　*107*

　　　　第七節　國際及人類　*109*

第五章　職　業
　　　　第一節　總論　*113*
　　　　第二節　傭者及被傭者　*117*
　　　　第三節　官吏　*121*
　　　　第四節　醫生　*124*
　　　　第五節　教員　*126*
　　　　第六節　商賈　*128*

下　篇

第一章　緒　論　*131*

第二章　良心論
　　　　第一節　行為　*134*
　　　　第二節　動機　*136*
　　　　第三節　良心之體用　*138*
　　　　第四節　良心之起原　*141*

第三章　理想論
　　　　第一節　總論　*143*
　　　　第二節　快樂説　*146*
　　　　第三節　克己論　*148*
　　　　第四節　實現説　*150*

第四章　本務論

第一節　本務之性質及緣起　*153*

第二節　本務之區別　*156*

第三節　本務之責任　*157*

第五章　德　論

第一節　德之本質　*159*

第二節　德之種類　*161*

第三節　修德　*162*

第六章　結　論　*165*

重印説明

    本館重印蔡元培撰《中學修身教科書》，主要以1921年第十六版為依據。蔡元培先生生前，曾取第十六版其中一本作了若干修改；有關改動，詳見高平叔編《蔡元培全集》(北京：中華書局，1984-1989)、中國蔡元培研究會編《蔡元培全集》(杭州：浙江教育出版社，1997-1998)，亦據此收錄全書內容。

    現時這個重印本，原文一仍其舊，而於每節之前編寫「提要」，正文之中如有需要，添加「註釋」，務使讀者更易掌握各篇旨要。原書在重要段落之上，列印提綱性質的字句，重印本「提要」即據此撰成，綱舉目張，因此原書的提綱一律刪去，以免有所重複。

    此書撰於一個世紀之前，時移世易，書中一些見解和例子，間或不符當代社會觀點，讀者不妨加以斟酌，教師亦可據此與學生展開討論。

商務印書館編輯出版部

內容解說

　　本書原題《中學修身教科書》，是近代中國著名教育家蔡元培編寫的公民教育讀本，比較全面地反映了他對學生身心修養的見解，已成二十世紀中國經典著作之一，乃研究近代教育和文化思想不可或缺的文獻，時至今日仍具有珍貴的參考價值。

　　蔡元培（1868-1940），號孑民，浙江紹興人。在傳統教育和科舉制度下，由秀才而舉人而進士，至翰林院編修。他對新學及國外事情，早已多所留意；1898年戊戌維新運動失敗後，思想漸趨於革命。後留學德國，興趣較集中於美學方面。1911年辛亥革命爆發後回國，在上海參加籌建中華民國各省代表會議。翌年元旦中華民國成立，蔡元培當選為首任教育總長，隨即成立教育部，奠定近代中國新式教育體制的基礎；又發表〈對於新教育之意見〉，作為此後推行教育的藍本。

　　蔡元培分教育為兩類：一類是隸屬於政治的，一類是超軼政治的，認為兩類都不能偏廢。前者包括軍國民教育、實利主義教育、公民道德教育，後者包括世界觀教育和美感教育，並且強調以教育為最高的理想，不受現實政治的拘束。

　　近代中國飽受列強侵略，國權喪失，「非憑藉武力，

勢難恢復」；辛亥武昌首義乃軍人所發動，「軍人革命之後，難保無軍人執政之一時期，非行舉國皆兵之制，將使軍人社會，永為全國中特別之階級，而無以平均其勢力。則如所謂軍國民教育者，誠今日所不能不採者也」。這是蔡元培提倡軍國民教育的理由，亦為改變中國長期積弱的有效途徑。國際上的競爭，經濟與軍事同樣重要，為求富國強兵，必須同時推行注重民生問題的實利主義教育，訓練國人謀生的技能，使社會中每個人都能有所貢獻。

　　蔡元培指出，軍國民教育和實利主義教育有積極的一面，但亦有其流弊：前者易造成內部私鬥及對外侵略，後者則會招致貧富不均及勞資衝突。因此必須以公民道德教育補救其不足，樹立社會秩序。一切公民道德的根源，就是法國革命時提出的自由、平等、博愛；在中國傳統中，就是「義、恕、仁」。

　　上述三種隸屬於政治的教育，其所能達成的目標，不過是限於現世的幸福的境界，教育的最高理想，必須有更高的觀念，以建立人類奮鬥的信仰與信心。蔡元培採用德國哲學家康德的知識論，分世界為現象與實體兩面，他說：

　　「現象世界之事為政治，故以造成現世幸福為鵠的。實體世界之事為宗教，故以擺脫現世幸福為作用。而教育則立於現象世界，而有事於實體世界者也。故以實體

世界之觀念，為其究竟之大目的；而以現象世界之幸福，為其達於實體觀念之作用。」

「循思想自由、言論自由之公例，不以一流派之哲學、一宗門之教義梏其心，而惟時時懸一無方體無終始之世界觀以為鵠。」這種教育，就是世界觀教育。至於美感，就是「合美麗與尊嚴而言之，介乎現象世界與實體世界之間，而為津梁」。美學可以陶冶人的性情，養成高尚純潔的習慣，是完整的人格教育所不能缺乏的，又是達成世界觀教育的方法。

世界觀教育和美感教育，可以說是蔡元培對於教育的理想。世界觀教育是對教育最高理想所懸的觀念，與大同世界的教育理想相近；與他「兼容並包」的自由思想作風，也有共通之處。蔡元培非常重視美感教育，寫有不少提倡美育的文章，在其教育思想體系之中，美育是極為重要的一個組成部分。

1912 年（民國元年）教育部提出的教育宗旨：「注重道德教育，以實利教育、軍國民教育輔之，更以美感教育，完成其道德。」正正就是蔡元培〈對於新教育之意見〉的縮影，只不過在輕重和次序上有所更動而已。近代中國教育界強調德、智、體、羣、美五育並重的理論，也是基於以上主張而形成的。

蔡元培的《中學修身教科書》，撰於二十世紀初年他留學德國期間（1907-1911），1912 年 5 月由上海商務

印書館出版，在當時頗受學界重視。此書分為上、下兩篇：上篇注重實踐，計有〈修己〉、〈家族〉、〈社會〉、〈國家〉、〈職業〉五章；下篇注重理論，包括〈緒論〉、〈良心論〉、〈理想論〉、〈本務論〉、〈德論〉和〈結論〉六章。蔡元培說：「修身以實踐為要，故上篇較詳。」

　　1919 年五四運動前後，蔡元培擔任中國最高學府北京大學校長，領導羣倫，倡導新文化。1921 年 9 月，《中學修身教科書》已出至第十六版；可以肯定地說，此書影響了一個世代的青少年，而這個世代，恰好是中國由封建制度過渡到共和的關鍵時刻。蔡元培晚年主持中央研究院，為開展中國的學術研究而努力，未幾因中日戰爭爆發，移居香港，直至逝世，卜葬香港仔華人永遠墳場。他與香港的一段因緣，是香港文化之光。

　　蔡元培的《中學修身教科書》，在平淡中見真知。現代教育發展和改革浪潮之中，他的卓見邁越時流，至今仍具指導意義，可供從事教育工作者參考和省思。一個世紀以來，中國人仍未寫出一本同類教材，可以媲美蔡元培此書，所以重新整理和印行，以廣流傳，實在是有必要的。希望藉着重印這本著作，能造福廣大青年學子，使在瞬息萬變的世代，不至於迷失人生方向。從事教育工作的教師，可以在此書的基礎上，繼往開來，以當代視野寫出更適合新時代需要的公民教育讀本。

周佳榮

例　言

一、本書為中學校修身科之用。

二、本書分上、下二篇：上篇注重實踐；下篇注重理論。修身以實踐為要，故上篇較詳。

三、教授修身之法，不可徒令生徒依書誦習，亦不可但由教員依書講解，應就實際上之種種方面，以闡發其旨趣：或採歷史故實，或就近來時事，旁徵曲引，以啟發學生之心意。本書卷帙所以較少者，正留為教員博引旁徵之餘地也。

四、本書悉本我國古聖賢道德之原理，旁及東西倫理學大家之說，斟酌取捨，以求適合於今日之社會。立說務期可行，行文務期明亮，區區苦心，尚期鑒之。

上篇

第一章

修 己

◐ 第一節 **總論**

> **提要**
>
> 　本節首先說明甚麼是道德（蔡元培自用本手寫眉批：「僅說到國家而止」），然後討論修己之道，以及如何行之於社會和國家，認為修己是道德之本。
>
> 　結語指出康強、知能、德性三者，是不可以偏廢的修己之道。

　人之生也，不能無所為，而為其所當為者，是謂道德。道德者，非可以猝然而襲取也，必也有理想，有方法。修身一科，即所以示其方法者也。

　夫事必有序，道德之條目，其為吾人所當為者同，

而所以行之之方法，則不能無先後。所謂先務者，修己之道是已。

吾國聖人，以孝為百行之本，小之一人之私德，大之國民之公義，無不由是而推演之者，故曰惟孝友於兄弟，施於有政，由是而行之於社會，則宜盡力於職份之所在，而於他人之生命若財產若名譽，皆護惜之，不可有所侵毀。行有餘力，則又當博愛及眾，而勉進公益，由是而行之於國家，則於法律之所定，命令之所佈，皆當恪守而勿違。而有事之時，又當致身於國，公而忘私，以盡國民之義務，是皆道德之教所範圍，為吾人所不可不勉者也。

夫道德之方面，雖各各不同，而行之則在己。知之而不行，猶不知也；知其當行矣，而未有所以行此之素養，猶不能行也。懷邪心者，無以行正義；貪私利者，無以圖公益。未有自欺而能忠於人，自侮而能敬於人者。故道德之教，雖統各方面以為言，而其本則在乎修己。

修己之道不一，而以康強其身為第一義。身不康強，雖有美意，無自而達也。康矣強矣，而不能啟其知識，練其技能，則奚擇於牛馬；故又不可以不求知能。知識富矣，技能精矣，而不率之以德性，則適以長惡而遂非，故又不可以不養德性。是故修己之道，體育、知育、德育三者，不可以偏廢也。

第二節　體育

提要

　　本節首先強調修己以體育為本。身不康強，不能盡孝；身不康強，不能盡忠。接着探討體育與智育的關係，以及身體康強與家族、社會、國家的關係。

　　其次論述衞生之道，指出飲食過量之害、雜食果餌之害、飲酒之害和吸煙之害，勸人節制食慾，然後闡明衞生的要義，一是清潔，二是運動。此外，還談到遊散山野、遊歷名勝的好處。

　　運動雖然重要，但不可以無節。既要睡眠充足，又要涵養精神。最後說明自殺之罪，對「殺身成仁」亦有較為獨特的看法。

　　凡德道以修己為本，而修己之道，又以體育為本。

　　忠孝，人倫之大道也，非康健之身，無以行之。人之事父母也，服勞奉養，惟力是視，羸弱而不能供職，雖有孝思奚益？況其以疾病貽父母憂乎？其於國也亦然。國民之義務，莫大於兵役，非強有力者，應徵而不及格，臨陣而不能戰，其何能忠？且非特忠孝也。一切

道德，殆皆非羸弱之人所能實行者。苟欲實踐道德，宣力國家，以盡人生之天職，其必自體育始矣。

且體育與智育之關係，尤為密切，西哲有言：康強之精神，必寓於康強之身體。不我欺也。苟非狂易，未有學焉而不能知，習焉而不能熟者。其能否成立，視體魄如何耳。也嘗有抱非常之才，且亦富於春秋，徒以體魄孱弱，力不逮志，奄然與凡庸伍者，甚至或盛年廢學，或中道夭逝，尤可悲焉。

夫人之一身，本不容以自私，蓋人未有能遺世而獨立者。無父母則無我身，子女之天職，與生俱來。其他兄弟夫婦朋友之間，亦各以其相對之地位，而各有應盡之本務。而吾身之康強與否，即關於本務之盡否。故人之一身，對於家族若社會若國家，皆有善自攝衞之責。使傲然曰：我身之不康強，我自愛之，於人無與焉。斯則大謬不然者也。

人之幼也，衞生之道，宜受命於父兄。及十三四歲，則當躬自注意矣。請述其概：一曰節其飲食；二曰潔其體膚及衣服；三曰時其運動；四曰時其寢息；五曰快其精神。

少壯之人，所以損其身體者，率由於飲食之無節。雖當身體長育之時，飲食之量，本不能以老人為例，然過量之忌則一也。使於飽食以後，尚歆於旨味而恣食

之，則其損於身體，所不待言。且既知飲食過量之為害，而一時為食慾所迫，不及自制，且致養成不能節慾之習慣，其害尤大，不可以不慎也。

少年每喜於閒暇之時，雜食果餌，以致減損其定時之餐飯，是亦一弊習。醫家謂成人之胃病，率基於是，是烏可以不戒歟？

酒與煙，皆害多而利少。飲酒漸醉，則精神為之惑亂，而不能自節。能慎之於始而不飲，則無慮矣。吸煙多始於遊戲，及其習慣，則成癖而不能廢。故少年尤當戒之。煙含毒性，卷煙一枚，其所含毒份，足以斃雀二十尾。其毒性之劇如此，吸者之受害可知矣。

凡人之習慣，恆得以他習慣代之。飲食之過量，亦一習慣耳。以節制食慾之法矯之，而漸成習慣，則舊習不難盡去也。

清潔為衛生之第一義，而自清潔其體膚始。世未有體膚既潔，而甘服垢污之衣者。體膚衣服潔矣，則房室庭園，自不能任其蕪穢，由是集清潔之家而為村落為市邑，則不徒足以保人身之康強，而一切傳染病，亦以免焉。

且身體衣服之清潔，不徒益以衛生而已，又足以優美其儀容；而養成善良之習慣，其裨益於精神者，亦復不淺。蓋身體之不潔，如蒙穢然，以是接人，亦不敬之

一端。而好潔之人，動作率有秩序，用意亦復縝密，習與性成，則有以助勤勉精明之美德。借形體以範精神，亦繕性之良法也。

運動亦衛生之要義也。所以助腸胃之消化，促血液之循環，而爽朗其精神者也。凡終日靜坐偃臥而怠於運動者，身心輒為之不快，馴致食慾漸減，血色漸衰，而元氣亦因以消耗。是故終日勞心之人，尤不可以不運動。運動之時間，雖若靡費，而轉為勤勉者所不可吝，此亦猶勞作者之不能無休息也。

凡人精神抑鬱之時，觸物感事，無一當意，大為學業進步之阻力。此雖半由於性癖，而身體機關之不調和，亦足以致之。時而遊散山野，呼吸新空氣，則身心忽為之一快，而精進之力頓增。當春夏假期，遊歷國中名勝之區，此最有益於精神者也。

是故運動者，所以助身體機關之作用，而為勉力學業之預備，非所以恣意而縱情也。故運動如飲食然，亦不可以無節。而學校青年，於蹴鞠競渡之屬，投其所好，則不惜注全力以赴之，因而毀傷身體，或釀成疾病者，蓋亦有之，此則失運動之本意矣。

凡勞動者，皆不可以無休息。睡眠，休息之大者也，宜無失時，而少壯尤甚。世或有勤學太過，夜以繼日者，是不可不戒也。睡眠不足，則身體為之衰弱，而馴致疾

病，即倖免於是，而其事亦無足取。何則？睡眠不足者，精力既疲，即使終日研求，其所得或尚不及起居有時者之半，徒自苦耳。惟睡眠過度，則亦足以釀惰弱之習，是亦不可不知者。

精神者，人身之主動力也。精神不快，則眠食不適，而血氣為之枯竭，形容為之憔悴，馴以成疾，是亦衛生之大忌也。夫順逆無常，哀樂迭生，誠人生之常事，然吾人務當開豁其胸襟，清明其神志，即有不如意事，亦當隨機順應，而不使留滯於意識之中，則足以涵養精神，而使之無害於康強矣。

康強身體之道，大略如是。夫吾人之所以斤斤於是者，豈欲私吾身哉？誠以吾身者，因對於家族若社會若國家，而有當盡之義務者也。乃昧者，或以情慾之感，睚眦之忿，自殺其身，罪莫大焉。彼或以一切罪惡，得因自殺而消滅，是亦以私情沒公義者。惟志士仁人，殺身成仁，則誠人生之本務，平日所以愛惜吾身者，正為此耳。彼或以衣食不給，且自問無益於世，乃以一死自謝，此則情有可憫，而其薄志弱行，亦可鄙也。人生至此，要當百折不撓，排艱阻而為之，精神一到，何事不成？見險而止者，非夫也。

提要

　　本節認為習慣是第二天性，習慣不可不慎，並舉北美洲罪人之例，指出道德之本在卑近。

　　最後強調，禮儀能造就習慣。

　　習慣者，第二之天性也。其感化性格之力，猶朋友之於人也。人心隨時而動，應物而移，執毫而思書，操縵而欲彈，凡人皆然，而在血氣未定之時為尤甚。其於平日親炙之事物，不知不覺，浸潤其精神，而與之為至密之關係，所謂習與性成者也。故習慣之不可不慎，與朋友同。

　　江河成於涓流，習慣成於細故。昔北美洲有一罪人，臨刑慨然曰：吾所以罹茲罪者，由少時每日不能決然早起故耳。夫早起與否，小事也，而此之不決，養成因循苟且之習，則一切去惡從善之事，其不決也猶是，是其所以陷於刑戮也。是故事不在小，苟其反覆數四，養成習慣，則其影響至大，其於善否之間，烏可以不慎乎？第使平日注意於善否之界，而養成其去彼就此之習，則將不待勉強，而自進於道德。道德之本，固不在

高遠而在卑近也。自灑掃應對進退，以及其他一事一物一動一靜之間，無非道德之所在。彼夫道德之標目，曰正義，曰勇往，曰勤勉，曰忍耐，要皆不外乎習慣耳。

　禮儀者，交際之要，而大有造就習慣之力。夫心能正體，體亦能制心。是以平日端容貌，正顏色，順辭氣，則妄念無自而萌，而言行之忠信篤敬，有不期然而然者。孔子對顏淵之問仁，而告以非禮勿視，非禮勿聽，非禮勿言，非禮勿動。由禮而正心，誠聖人之微旨也。彼昧者，動以禮儀為虛飾，袒裼披猖，號為率真，而不知威儀之不攝，心亦隨之而化，漸摩既久，則放僻邪侈，不可收拾，不亦謬乎。

第四節 勤勉

提要

本節指出勤勉是良好習慣之一，怠惰為眾惡之母。

接着闡述勤勉之效，強調幸福由勤勉而生。

勤勉者，良習慣之一也。凡人所免之事，不能一致，要在各因其地位境遇，而盡力於其職份，是亦為涵養德性者所不可缺也。凡勤勉職業，則習於順應之道，與節制之義，而精細導耐諸德，亦相因而來。蓋人性之受害，莫甚於怠惰。怠惰者，眾惡之母。古人稱小人閒居為不善，蓋以此也。不惟小人也，雖在善人，苟其飽食終日，無所事事，則必由佚樂而流於遊惰。於是鄙猥之情，邪僻之念，乘間竊發，馴致滋蔓而難圖矣。此學者所當戒也。

人之一生，凡德行才能功業名譽財產，及其他一切幸福，未有不勤勉而可坐致者。人生之價值，視其事業而不在年壽。嘗有年登期臺，而悉在醉生夢死之中，人皆忘其為壽。亦有中年喪逝，而樹立卓然，人轉忘其為

夭者。是即勤勉與不勤勉之別也。夫桃梨李栗，不去其皮，不得食其實。不勤勉者，雖小利亦無自而得。自昔成大業、享盛名，孰非有過人之勤力者乎？世非無以積瘁喪其身者，然較之汩沒於佚樂者，僅十之一二耳。勤勉之效，蓋可睹矣。

提要

　　本節首先論述情慾，指出自制就是節制情慾。自制之目，包括節體慾、制慾望、抑熱情。驕之害、諂之害，是不能自制之咎。

　　其次闡明用財之道，指出鄙吝及奢侈之弊。節儉即是自奉有節，寡慾則不為物役；國人奢儉，實與國家有莫大關係。又勸人善享快樂，認為不快莫甚於慾望過度。

　　接着認為熱情以忿怒為最烈，怯弱之行為正義之士所恥，從而教人養成忍耐之力，以及對人之道。此外如傲慢和嫉妒，亦不可不戒。最後提出以情制情之道，列舉制情的善法。

　　自制者，節制情慾之謂也。情慾本非惡名，且高尚之志操，偉大之事業，亦多有發源於此者。然情慾如駿馬然，有善走之力，而不能自擇其所向，使不加控御，而任其奔逸，則不免陷於溝壑，撞於巖牆，甚或以是而喪其生焉。情慾亦然，苟不以明清之理性，與堅定之意

志節制之，其害有不可勝言者。不特一人而已。苟舉國民而為情慾之奴隸，則夫政體之改良，學藝之進步，皆不可得而期，而國家之前途，不可問矣。此自制之所以為要也。

自制之目有三：節體慾，一也；制慾望，二也；抑熱情，三也。

飢渴之慾，使人知以時飲食，而榮養其身體。其於保全生命，振作氣力，所關甚大。然耽於厚味而不知饜飫，則不特妨害身體，且將汨沒其性靈，昏惰其志氣，以釀成放佚奢侈之習。況如沉湎於酒，荒淫於色，貽害尤大，皆不可不以自制之力預禁之。

慾望者，尚名譽，求財產，赴快樂之類是也。人無慾望，即生涯甚覺無謂。故慾望之不能無，與體慾同，而其過度之害亦如之。

豹死留皮，人死留名，尚名譽者，人之美德也。然急於聞達，而不顧其他，則流弊所至，非驕則諂。驕者，務揚己而抑人，則必強不知以為知，訑訑然拒人於千里之外，徒使智日昏，學日退，而虛名終不可以久假。即使學識果已絕人，充其驕矜之氣，或且凌父兄而傲長上，悖亦甚矣。諂者，務屈身以徇俗，則且為無非無刺之行，以雷同於污世，雖足竊一時之名，而不免為識者所竊笑，是皆不能自制之咎也。

小之一身獨立之幸福，大之國家富強之基礎，無不有借於財產。財產之增殖，誠人生所不可忽也。然世人徒知增殖財產，而不知所以用之之道，則雖藏鏹百萬，徒為守錢虜耳。而矯之者，又或靡費金錢，以縱耳目之慾。是皆非中庸之道也。蓋財產之所以可貴，為其有利己利人之用耳。使徒事蓄積，而不知所以用之，則無益於己，亦無裨於人，與赤貧者何異？且積而不用者，其於親戚之窮乏，故舊之飢寒，皆將坐視而不救，不特愛憐之情浸薄，而且廉恥之心無存。當與而不與，必且不當取而取，私買竊賊之臟，重取債家之息，凡喪心害理之事，皆將行之無忌，而馴致不齒於人類。此鄙吝之弊，誠不可不戒也。顧知鄙吝之當戒矣，而矯枉過正，義取而悖與，寡得而多費，則且有喪產破家之禍。既不能自保其獨立之品位，而於忠孝慈善之德，雖欲不放棄而不能，成效無存，百行俱廢，此奢侈之弊，亦不必遜於鄙吝也。二者實皆慾望過度之所致，折二者之衷，而中庸之道出焉，謂之節儉。

　　節儉者，自奉有節之謂也，人之處世也，既有貴賤上下之別，則所以持其品位而全其本務者，固各有其度，不可以執一而律之，要在適如其地位境遇之所宜，而不逾其度耳。飲食不必多，足以果腹而已；輿服不必善，足以備禮而已；紹述祖業，勤勉不怠，以其所得，

搏節而用之，則家有餘財，而可以恤他人之不幸，為善如此，不亦樂乎？且節儉者必寡慾，寡慾則不為物役，然後可以養德性，而完人道矣。

家人皆節儉，則一家齊；國人皆節儉，則一國安。蓋人人以節儉之故，而貲產豐裕，則各安其堵，敬其業，愛國之念，油然而生。否則奢侈之風彌漫，人人濫費無節，將救貧之不暇，而遑恤國家。且國家以人民為份子，亦安有人民皆窮，而國家不疲○者。自古國家，以人民之節儉興，而以其奢侈敗者，何可勝數！如羅馬之類是已。愛快樂，忌苦痛，人之情也；人之行事，半為其所驅迫，起居動作，衣服飲食，蓋鮮不由此者。凡人情可以徐練，而不可以驟禁。昔之宗教家，常有背快樂而就刻苦者，適足以戕賊心情，而非必有裨於道德。人苟善享快樂，適得其宜，亦烏可厚非者。其活潑精神，鼓舞志氣，乃足為勤勉之助。惟蕩者流而不返，遂至放棄百事，斯則不可不戒耳。

快樂之適度，言之非艱，而行之維艱，惟時時注意，勿使太甚，則庶幾無大過矣。古人有言：歡樂極兮哀情多。世間不快之事，莫甚於慾望之過度者。當此之時，不特無活潑精神、振作志氣之力，而且足以招疲勞，增疏懶，甚且悖德非禮之行，由此而起焉。世之墮品行而冒刑辟者，每由於快樂之太過，可不慎歟！

人，感情之動物也，遇一事物，而有至劇之感動，則情為之移，不遑顧慮，至忍擲對己對人一切之本務，而務達其目的，是謂熱情。熱情既現，苟非息心靜氣，以求其是非利害所在，而有以節制之，則縱心以往，恆不免陷身於罪戾，此亦非熱情之罪，而不善用者之責也。利用熱情，而統制之以道理，則猶利用蒸汽，而承受以精巧之機關，其勢力之強大，莫能禦之。

熱情之種類多矣，而以忿怒為最烈。盛怒而慾泄，則死且不避，與病狂無異。是以忿怒者之行事，其貽害身家而悔恨不及者，常十之八九焉。

忿怒亦非惡德，受侮辱於人，而不敢與之校，是怯弱之行，而正義之士所恥也。當怒而怒，亦君子所有事。然而逞忿一朝，不顧親戚，不恤故舊，辜恩誼，背理性以釀暴亂之舉，而貽終身之禍者，世多有之。宜及少時養成忍耐之力，即或怒不可忍，亦必先平心而察之，如是則自無失當之忿怒，而詬詈鬥毆之舉，庶乎免矣。

忍耐者，交際之要道也。人心之不同如其面，苟於不合吾意者而輒怒之，則必至父子不親，夫婦反目，兄弟相鬩，而朋友亦有凶終隙末之失，非自取其咎乎？故對人之道，可以情恕者恕之，可以理遣者遣之。孔子曰：躬自厚而薄責於人。即所以養成忍耐之美德者也。

忿怒之次曰傲慢，曰嫉妒，亦不可不戒也。傲慢者，挾己之長，而務以凌人；嫉妒者，見己之短，而轉以尤人，此皆非實事求是之道也。夫盛德高才，誠於中則形於外。雖其人抑然不自滿，而接其威儀者，畏之象之，自不容已。若乃不循其本，而摹擬剽竊以自炫，則可以欺一時，而不能持久，其凌蔑他人，適以自暴其鄙劣耳。至若他人之才識聞望，有過於我，我愛之重之，察我所不如者而企及之可也。不此之務，而重以嫉妒，於我何益？其愚可笑，其心尤可鄙也。

情慾之不可不制，大略如是。顧制之之道，當如何乎？情慾之盛也，往往非理義之力所能支，非利害之說所能破，而惟有以情制情之一策焉。

以情制情之道奈何？當忿怒之時，則品弄絲竹以和之；當抑鬱之時，則登臨山水以解之；於是心曠神怡，爽然若失，回憶忿怒抑鬱之態，且自覺其無謂焉。

情慾之熾也，如燎原之火，不可向邇，而移時則自衰，此其常態也。故自制之道，在養成忍耐之習慣。當情慾熾盛之時，忍耐力之強弱，常為人生禍福之所繫，所爭在頃刻間耳。昔有某氏者，性卞急，方盛怒時，恆將有非禮之言動，幾不能自持，則口占數名，自一至百，以抑制之，其用意至善，可以為法也。

提要

　　本節首先認為人生學業，並非輕易得之。勇敢不在體力，必然含有智德之原質。接着舉蘇格拉底、百里諾（布魯諾）、加里沙（伽利略）等人為例，加以說明。

　　其次認為人生既有順境，亦不能無逆境；人因染惡德而招禍害，咎在不能果斷。勇敢的最著者為獨立，獨立不是離羣索居，亦非矯情立異，指出甚麼才是真獨立。

　　獨立之要，是自存、自信和自決。進而談到義勇和國民的義務，要無負於國家。

　　勇敢者，所以使人耐艱難者也。人生學業，無一可以輕易得之者。當艱難之境而不屈不沮，必達而後已，則勇敢之效也。

　　所謂勇敢者，非體力之謂也。如以體力，則牛馬且勝於人。人之勇敢，必其含智德之原質者，恆於其完本務彰真理之時見之。曾子曰：自反而縮，雖千萬人，吾

往矣。是則勇敢之本義也。

　　求之歷史，自昔社會人文之進步，得力於勇敢者為多，蓋其事或為豪強所把持，或為流俗所習慣，非排萬難而力支之，則不能有為。故當其衝者，非不屈權勢之道德家，則必不徇嬖幸之愛國家，非不阿世論之思想家，則必不溺私慾之事業家。其人率皆發強剛毅，不懾不悚。其所見為善為真者，雖遇何等艱難，決不為之氣沮。不觀希臘哲人蘇格拉底乎？彼所持哲理，舉世非之而不顧，被異端左道之名而不惜[1]，至仰毒以死而不改其操，至今偉之。又不觀意大利碩學百里諾及加里沙乎？百氏痛斥當代偽學，遂被焚死。其就戮也，從容顧法吏曰：公等今論余以死，余知公等之恐怖，蓋有甚於余者。加氏始倡[2]地動說，當時教會怒其戾教旨，下之獄，而加氏不為之屈。是皆學者所傳為美談者也。若而人者，非特學識過人，其殉於所信而百折不回。誠有足多者，雖其身窮死於縲絏之中，而聲名洋溢，傳之百世而不衰，豈與夫屈節回志，忽理義而徇流俗者，同日而語哉？

　　人之生也，有順境，即不能無逆境。逆境之中，跋

1　蔡元培在此處上方用毛筆寫了三個西文人名：Giordano Bruno, 1548-1600（通譯布魯諾）；Galilei, 1564-1642（通譯伽利略）；Copernikus, 1473-1543（通譯哥白尼）。

2　蔡元培將「始倡」二字改為「主張」。

前寘後，進退維谷，非以勇敢之氣持之，無由轉禍而為福，變險而為夷也。且勇敢亦非待逆境而始著，當平和無事之時，亦能表見而有餘。如壹於職業，安於本份，不誘惑於外界之非違，皆是也。

人之染惡德而招禍害者，恆由於不果斷。知其當為也，而不敢為；知其不可不為也，而亦不敢為。誘於名利而喪其是非之心，皆不能果斷之咎也。至乃虛炫才學，矯飾德行，以欺世而凌人，則又由其無安於本分之勇，而入此歧途耳。

勇敢之最著者為獨立。獨立者，自盡其職而不倚賴於人是也。人之立於地也，恃己之足，其立於世也亦然。以己之心思慮之，以己之意志行之，以己之資力營養之，必如是而後為獨立，亦必如是而後得謂之人也。夫獨立，非離羣索居之謂。人之生也，集而為家族，為社會，為國家，烏能不互相扶持，互相挹注，以共圖團體之幸福。而要其交互關係之中，自一人之方面言之，各盡其對於團體之責任，不失其為獨立也。獨立亦非矯情立異之謂。不問其事之曲直利害，而一切拂人之性以為快，是頑冥耳。與夫不問曲直利害，而一切徇人意以為之者奚擇焉？惟不存成見，而以其良知為衡。理義所在，雖芻蕘之言，猶虛己而納之，否則雖王公之命令，賢哲之緒論，亦拒之而不憚，是

之謂真獨立。

獨立之要有三：一曰自存；二曰自信；三曰自決。

生計者，萬事之基本也。人苟非獨立而生存，則其他皆無足道。自力不足，庇他人而糊口者，其卑屈固無足言；至若窺人鼻息，而以其一顰一笑為憂喜，信人之所信而不敢疑，好人之所好而不敢忤，是亦一贅物耳；是皆不能自存故也。

人於一事，既見其理之所以然而信之，雖則事變萬狀，苟其所以然之理如故，則吾之所信亦如故，是謂自信。在昔曠世大儒，所以發明真理者，固由其學識宏遠，要亦其自信之篤，不為權力所移。不為俗論所動，故歷久而其理大明耳。

凡人當判決事理之時，而俯仰隨人，不敢自主，此亦無獨立心之現象也。夫智見所不及，非不可諮詢於師友，惟臨事遲疑，隨人作計，則鄙劣之尤焉。

要之無獨立心之人，恆不知自重。既不自重，則亦不知重人，此其所以損品位而傷德義者大矣。苟合全國之人而悉無獨立心，乃冀其國家之獨立而鞏固，得乎？

勇敢而協於義，謂之義勇。暴虎憑河，盜賊猶且能之，此血氣之勇，何足選也。無適無莫，義之與比，毀譽不足以淆之，死生不足以脅之，則義勇之謂也。

義勇之中，以貢於國家者為最大。人之處斯國也，其生命，其財產，其名譽，能不為人所侵毀，而仰事俯畜，各適其適者，無一非國家之賜，且亦非僅吾一人之關係，實承之於祖先，而又將傳之於子孫，以至無窮者也。故國家之急難，視一人之急難，不啻倍蓰而已。於是時也，吾即捨吾之生命財產，及其一切以殉之，苟利國家，非所惜也，是國民之義務也。使其人學識雖高，名位雖崇，而國家有事之時，首鼠兩端，不敢有為，則大節既虧，萬事瓦裂，騰笑當時，遺羞後世，深可懼也。是以平日必持煉意志，養成見義勇為之習慣，則能盡國民之責任，而無負於國家矣。

　　然使義與非義，非其知識所能別，則雖有尚義之志，而所行輒與之相畔，是則學問不足，而知識未進也。故人不可以不修學。

第七節 **修學**

提要

　　本節討論修學，首先指出知識與道德有密切的關係，知識是人事的基本；國民的學問深淺，亦關係國家的貧富強弱。

　　知識的啟發必由修學。修學之道，一是耐久，物愈貴則得愈難，古今碩學都是耐久始能有大成就；二是愛時，舉朱子之言加以闡明，所謂「盜時之賊」是學者所應戒。

　　修學以讀書為有效，讀書宜擇有益者。修普通學者，以課程為本；修專門學者，當擇合程度之書。

　　此外，還談到朋友之益，非善疑不能得真信，以及甚麼才是真知識。最後指出懷疑之過，認為疑義是學問的作用而非目的。

　　身體壯佼，儀容偉岸，可能為賢乎？未也，居室崇閎，被服錦繡，可以為美乎？未也。人而無知識，則不能有為，雖矜飾其表，而鄙陋齷齪之狀，寧可掩乎？

　　知識與道德，有至密之關係。道德之名尚矣，要其

歸，則不外避惡而行善。苟無知識以辨善惡，則何以知惡之不當為，而善之當行乎？知善之當行而行之，知惡之不當為而不為，是之謂真道德。世之不忠不孝、無禮無義、縱情而亡身者，其人非必皆惡逆悖戾也，多由於知識不足，而不能辨別善惡故耳。

尋常道德，有尋常知識之人，即能行之。其高尚者，非知識高尚之人，不能行也。是以自昔立身行道，為百世師者，必在曠世超俗之人，如孔子是已。

知識者，人事之基本也。人事之種類至繁，而無一不有賴於知識。近世人文大開，風氣日新，無論何等事業，其有待於知識也益殷。是以人無貴賤，未有可以不就學者。且知識所以高尚吾人之品格也，知識深遠，則言行自然溫雅而動人歆慕。蓋是非之理，既已了然，則其發於言行者，自無所凝滯，所謂誠於中形於外也。彼知識不足者，目能睹日月，而不能見理義之光；有物質界之感觸，而無精神界之欣合，有近憂而無遠慮。胸襟之隘如是，其言行又烏能免於卑陋歟？

知識之啟發也，必由修學。修學者，務博而精者也。自人文進化，而國家之貧富強弱，與其國民學問之深淺為比例。彼歐美諸國，所以日闢百里、虎視一世者，實由其國中碩學專家，以理學工學之知識，開殖產興業之端，鍥而不已，成此實效。是故文明國所恃以競爭者，

非武力而智力也。方今海外各國，交際頻繁，智力之競爭，日益激烈。為國民者，烏可不勇猛精進，旁求知識，以造就為國家有用之材乎？

修學之道有二：曰耐久；曰愛時。

錦繡所以飾身也，學術所以飾心也。錦繡之美，有時而敝，學術之益，終身享之，後世誦之，其可貴也如此。凡物愈貴，則得之愈難，曾學術之貴，而可以淺涉得之乎？是故修學者，不可以不耐久。

凡少年修學者，其始鮮或不勤，未幾而惰氣乘之，有不暇自省其功候之如何，而咨嗟於學業之難成者。豈知古今碩學，大抵抱非常之才，而又能精進不已，始克抵於大成，況在尋常之人，能不勞而獲乎？而不能耐久者，乃欲以窮年莫殫之功，責效於旬日，見其未效，則中道而廢，如棄敝屣然。如是，則雖薄技微能，為庸眾所可跂者，亦且百涉而無一就，況於專門學藝，真理義之精深，範圍之博大，非專心致志，不厭不倦，必不能窺其涯涘，而乃鹵莽滅裂，欲一蹴而幾之，不亦妄乎？

莊生有言：吾生也有涯，而知也無涯，夫以有涯之生，修無涯之學，固常苦不及矣。自非惜分寸光陰，不使稍糜於無益，鮮有能達其志者。故學者尤不可以不愛時。

少壯之時，於修學為宜，以其心氣尚虛，成見不存

也。及是時而勉之，所積之智，或其終身應用而有餘。否則以有用之時間，養成放僻之習慣，雖中年悔悟，痛自策勵，其所得蓋亦僅矣。朱子有言曰：勿謂今日不學而有來日，勿謂今年不學而有來年，日月逝矣，歲不延誤，嗚呼老矣，是誰之愆？其言深切著明，凡少年不可不三復也。

時之不可不愛如此，是故人不特自愛其時，尤當為人愛時。嘗有詣友終日，遊談不經，荒其職業，是謂盜時之賊，學者所宜戒也。

修學者，固在入塾就師，而尤以讀書為有效。蓋良師不易得，借令得之，而親炙之時，自有際限，要不如書籍之惠我無窮也。

人文漸開，則書籍漸富，歷代學者之著述，汗牛充棟，固非一人之財力所能盡致，而亦非一人之日力所能遍讀，故不可不擇其有益於我者而讀之。讀無益之書，與不讀等，修學者宜致意焉。

凡修普通學者，宜以平日課程為本，而讀書以助之。苟課程所受，研究未完，而漫焉多讀雜書，雖則有所得，亦泛濫而無歸宿。且課程以外之事，亦有先後之序，此則修專門學者，尤當注意。苟不自量其知識之程度，取高遠之書而讀之，以不知為知，沿訛襲謬，有損而無益，即有一知半解，沾沾自喜，而亦終身無會通之

望矣。夫書無高卑，苟了徹其義，則雖至卑近者，亦自有無窮之興味。否則徒震於高尚之名，而以不求甚解者讀之，何益？行遠自邇，登高自卑，讀書之道，亦猶是也。未見之書，詢於師友而抉擇之，則自無不合程度之慮矣。

修學者得良師，得佳書，不患無進步矣。而又有資於朋友，休沐之日，同志相會，凡師訓所未及者，書義之可疑者，各以所見，討論而闡發之，其互相為益者甚大。有志於學者，其務擇友哉。

學問之成立在信，而學問之進步則在疑。非善疑者，不能得真信也。讀古人之書，聞師友之言，必內按諸心，求其所以然之故。或不所得，則輾轉推求，必逮心知其意，毫無疑義而後已，是之謂真知識。若乃人云亦云，而無獨得之見解，則雖博聞多識，猶書篋耳，無所謂知識也。至若預存成見，凡他人之說，不求其所以然，而一切與之反對，則又懷疑之過，殆不知學問為何物者。蓋疑義者，學問之作用，非學問之目的也。

第八節　修德

提要

　　本節強調德性的重要，而其基本在於循良知。德性之中最普及於行為的是信義，入信義之門在於不妄語、無爽約。如遇意外之事而爽約，需通信以解約。立約宜慎，言行要兼顧，所以必須慎言，不能逞一時之快。

　　交際之道以恭儉為至要，恭儉是保聲名富貴之道；但恭儉並非卑屈，而是謙遜，恭儉可以用禮儀表達，恭儉之要則在於能容人。

　　人之所以異於禽獸者，以其有德性耳。當為而為之之謂德，為諸德之源；而使吾人以行德為樂者之謂德性。體力也，知能也，皆實行道德者之所資，然使不率之以德性，則猶有精兵而不以良將將之。於是剛強之體力，適以資橫暴；卓越之知能，或以助奸惡。豈不惜歟？

　　德性之基本，一言以蔽之曰：循良知。一舉一動，循良知所指，而不挾一毫私意於其間，則庶乎無大過，而可以為有德之人矣。今略舉德性之概要如下：

德性之中，最普及於行為者，曰信義。信義者，實事求是，而不以利害生死之關係枉其道也。社會百事，無不由信義而成立。苟蔑棄信義之人，遍於國中，則一國之名教風紀，掃地盡矣。孔子曰：言忠信，行篤敬，雖蠻貊之邦行矣。言信義之可尚也。人苟以信義接人，毫無自私自利之見，而推赤心於腹中，雖暴戾之徒，不敢忤焉。否則不顧理義，務挾詐術以遇人，則雖溫厚篤實者，亦往往報我以無禮。西方之諺曰：正直者，上乘之機略。此之謂也。世嘗有牢籠人心之偽君子，率不過取售一時，及一旦敗露，則人亦不與之齒矣。

入信義之門，在不妄語而無爽約。少年癖嗜新奇，往往背事理真相，而構造虛偽之言，冀以聳人耳目。行之既久，則雖非戲謔談笑之時，而不知不覺，動參妄語，其言遂不能取信於他人。蓋其言真偽相半，是否之間，甚難判別，誠不如不信之為愈也。故妄語不可以不戒。

凡失信於發言之時者為妄語，而失信於發言以後為爽約。二者皆喪失信用之道也。有約而不踐，則與之約者，必致靡費時間，貽誤事機，而大受其累。故其事苟至再至三，則人將相戒不敢與共事矣。如是，則雖置身人世，而枯寂無聊，直與獨栖沙漠無異，非自苦之尤乎？顧世亦有本無爽約之心，而迫於意外之事，使之不

得不如是者。如與友人有遊散之約，而猝遇父兄罹疾，此其輕重緩急之間，不言可喻，苟捨父兄之急，而局局於小信，則反為悖德，誠不能棄此而就彼。然後起之事，苟非促促無須臾暇者，亦當通信於所約之友，而告以其故，斯則雖不踐言，未為罪也。又有既經要約，旋悟其事之非理，而不便遂行者，亦以解約為是。此其爽約之罪，乃原因於始事之不慎。故立約之初，必確見其事理之不謬，而自審材力之所能及，而後決定焉。《中庸》曰：言顧行，行顧言。此之謂也。

言為心聲，而人之處世，要不能稱心而談，無所顧忌。苟不問何地何時，與夫相對者之為何人，而輒以己意喋喋言之，則不免取厭於人。且或炫己之長，揭人之短，則於己既為失德，於人亦適以招怨。至乃訐人陰私，稱人舊惡，使聽者無地自容，則言出而禍隨者，比比見之。人亦何苦逞一時之快，而自取其咎乎？

交際之道，莫要於恭儉。恭儉者，不放肆，不僭濫之謂也。人間積不相能之故，恆起於一時之惡感，應對酬酢之間，往往有以傲慢之容色，輕薄之辭氣，而激成凶隙者。在施者未必有意以此侮人，而要其平日不恭不儉之習慣，有以致之。欲矯其弊，必循恭儉。事尊長，交朋友，所不待言，而於始相見者，尤當注意。即其人過失昭著而不受盡言，亦不宜以意氣相臨，第和

色以諭之，婉言以導之，赤心以感動之，如是而不從者鮮矣。不然，則倨傲偃蹇，君子以為不可與言，而小人以為鄙己，蓄怨積憤，鮮不藉端而開釁者，是不可以不慎也。

不觀事父母者乎，婉容愉色以奉朝夕，雖食不重肉，衣不重帛，父母樂之；或其色不愉，容不婉，雖錦衣玉食，未足以悅父母也。交際之道亦然，苟容貌辭令，不失恭儉之旨，則其他雖簡，而人不以為忤，否則即鋪張揚厲，亦無效耳。

名位愈高，則不恭不儉之態易萌，而及其開罪於人也，得禍亦尤烈。故恭儉者，即所以長保其聲名富貴之道也。

恭儉與卑屈異。卑屈之可鄙，與恭儉之可尚，適相反焉。蓋獨立自主之心，為人生所須臾不可離者。屈志枉道以迎合人，附合雷同，閹然媚世，是皆卑屈，非恭儉也。謙遜者，恭儉之一端，而要其人格之所繫，則未有可以受屈於人者。宜讓而讓，宜守而守，則恭儉者所有事也。

禮儀，所以表恭儉也。而恭儉則不僅在聲色笑貌之間，誠意積於中，而德輝發於外，不可以偽為也。且禮儀與國俗及時世為推移，其意雖同，而其跡或大異，是亦不可不知也。

恭儉之要，在能容人。人心不同，苟以異己而輒排之，則非合羣之道矣。且人非聖人，誰能無過？過而不改，乃成罪惡。逆耳之言，尤當平心而察之，是亦恭儉之效也。

● 第九節 交友

提要

　　本節論朋友的關係，朋友可以相規，可以相助，所以擇交宜慎。與朋友訂交，以信義為第一本務。規諫朋友應有適當方法，亦要聽取朋友的規勸。

　　朋友之間，應實行其義。經營實業，必借朋友；討論學問，必借朋友。相扶持，共患難。不過，朋友之交為私德，國家之務為公德，二者如果不能並存，則當屈私而從公。

　　人情喜羣居而惡離索，故內則有家室，而外則有朋友。朋友者，所以為人損痛苦而益歡樂者也。雖至快之事，苟不得同志者共賞之，則其趣有限；當抑鬱無聊之際，得一良友慰其寂寞，而同其憂戚，則胸襟豁然，前後殆若兩人。至於遠遊羈旅之時，兄弟戚族，不遑我顧，則所需於朋友者尤切焉。

　　朋友者，能救吾之過失者也。凡人不能無偏見，而意氣用事，由往往不遑自返，斯時得直諒之友，忠告而善導之，則有憬然自悟其非者，其受益孰大焉。

朋友又能成人之善而濟其患。人之營業，鮮有能以獨力成之者，方今交通利便，學藝日新，通功易事之道愈密，欲興一業，尤不能不合眾志以成之。則所需於朋友之助力者，自因之而益廣。至於猝遇疾病，或值變故，所以慰藉而保護之者，自親戚家人而外，非朋友其誰望耶？

　　朋友之有益於我也如是。西哲以朋友為在外之我，洵至言哉。人而無友，則雖身在社會之中，而胸中之岑寂無聊，曾何異於獨居沙漠耶？

　　古人有言，不知其人，觀其所與。朋友之關係如此，則擇交不可以不慎也。凡朋友相識之始，或以鄉貫職業，互有關係；或以德行才器，素相欽慕。本不必同出一途。而所以訂交者，要不為一時得失之見，而以久要不渝為本旨。若乃任性濫交，不顧其後，無端而為膠漆，無端而為冰炭，則是以交誼為兒戲耳。若而人者，終其身不能得朋友之益矣。

　　既訂交矣，則不可以不守信義。信義者，朋友之第一本務也。苟無信義，則猜忌之見，無端而生，凶終隙末之事，率起於是。惟信義之交，則無自而離間之也。

　　朋友有過，宜以誠意從容而言之，即不見從，或且以非理加我，則亦姑恕宥之，而徐俟其悔悟。世有歷數

友人過失，不少假借，或因而憤爭者，是非所以全友誼也。而聽言之時，則雖受切直之言，或非人所能堪，而亦當溫容傾聽，審思其理之所在，蓋不問其言之得當與否，而其情要可感也。若乃自諱其過而忌直言，則又何異於諱疾而忌醫耶？

夫朋友有成美之益，既如前述，則相為友者，不可以不實行其義。有如農工實業，非集巨資合羣策不能成立者，宜各盡其能力之所及，協而圖之。及其行也，互持契約，各守權限，無相詐也，無相諉也，則彼此各享其利矣。非特實業也，學問亦然。方今文化大開，各科學術，無不理論精微，範圍博大，有非一人之精力所能周者。且分科至繁，而其間乃互有至密之關係。若專修一科，而不及其他，則孤陋而無藉；合各科而兼習焉，則又泛濫而無所歸宿。是以能集同志之友，分門治之，互相討論，各以其所長相補助，則學業始可抵於大成矣。

雖然，此皆共安樂之事也，可與共安樂，而不可與共患難，非朋友也。朋友之道，在扶困濟危，雖自擲其財產名譽而不顧。否則如柳子厚所言，平日相徵逐、相慕悅，誓不相背負，及一旦臨小利害若毛髮、輒去之若浼者，人生又何貴有朋友耶？

朋友如有悖逆之徵，則宜盡力諫阻，不可以交誼而

曲徇之。又如職司所在，公而忘私，亦不得以朋友之請謁若關係，而有所假借。申友誼而屈公權，是國家之罪人也。朋友之交，私德也；國家之務，公德也。二者不能並存，則不能不屈私德以從公德。此則國民所當服膺者也。

提要

　　本節強調，欲成德才必須從師，師代父母任教育，弟子應信從師教。

　　從師者事半功倍，因此弟子當敬愛其師。

　　凡人之所以為人者，在德與才。而成德達才，必有其道。經驗，一也；讀書，二也；從師受業，三也。經驗為一切知識及德行之淵源，而為之者，不可不先有辨別事理之能力。書籍記遠方及古昔之事跡，及各家學說，大有裨於學行，而非粗諳各科大旨，及能甄別普通事理之是非者，亦讀之而茫然。是以從師受業，實為先務。師也者，授吾以經驗及讀書之方法，而養成其自由抉擇之能力者也。

　　人之幼也，保育於父母。及稍長，則苦於家庭教育之不完備，乃入學親師。故師也者，代父母而任教育者也。弟子之於師，敬之愛之，而從順之，感其恩勿諼，宜也。自師言之，天下至難之事，無過於教育。何則？童子未有甄別是非之能力，一言一動，無不賴其師之誘

導，而養成其習慣，使其情緒思想，無不出於純正者，師之責也。他日其人之智慧如何，能造福於社會及國家否，為師者不能不任其責。是以其職至勞，其慮至周，學者而念此也，能不感其恩而圖所以報答之者乎？

　　弟子之事師也，以信從為先務。師之所授，無一不本於造就弟子之念，是以見弟子之信從而勤勉也，則喜，非自喜也，喜弟子之可以造就耳。蓋其教授之時，在師固不能自益其知識也。弟子念教育之事，非為師而為我，則自然篤信其師，而尤不敢不自勉矣。

　　弟子知識稍進，則不宜事事待命於師，而常務自修。自修則學問始有興趣，而不至畏難，較之專恃聽授者，進境尤速。惟疑之處，不可武斷，就師而質焉可也。

　　弟子之於師，其受益也如此，苟無師，則雖經驗百年，讀書萬卷，或未必果有成效。從師者，事半而功倍者也。師之功，必不可忘，而人乃以為區區脩脯已足償之，若購物於市然。然則人子受父母之恩，亦以服勞奉養為足償之耶？為弟子者，雖畢業以後，而敬愛其師，無異於受業之日，則庶乎其可矣。

第二章

家　族

> **提要**
>
> 　　本節先論人與人相接之道，指出道德可增進各人
> 的幸福，我們應以家族、社會、國家的幸福為幸福。
>
> 　　家族是社會、國家的基本，彼此之間有密切關
> 係，不愛家則不能愛國，家族的幸福亦即社會、國家
> 的幸福。

　　凡修德者，不可以不實行本務。本務者，人與人相
接之道也。是故子弟之本務曰孝悌，夫婦之本務曰和
睦。為社會之一人，則以信義為本務；為國家之一民，
則以愛國為本務。能恪守種種之本務，而無或畔焉，是
為全德。修己之道，不能捨人與人相接之道而求之也。

道德之效，在本諸社會國家之興隆，以增進各人之幸福。故吾之幸福，非吾一人所得而專，必與積人而成之家族，若社會，若國家，相待而成立。則吾人於所以處家族社會及國家之本務，安得不視為先務乎？

有人於此，其家族不合，其社會之秩序甚亂，其國家之權力甚衰，若而人者，獨可以得幸福乎？內無天倫之樂，外無自由之權，凡人生至要之事，若生命，若財產，若名譽，皆岌岌不能自保，若而人者，尚可以為幸福乎？於是而言幸福，非狂則奸，必非吾人所願為也。然則吾人欲先立家族社會國家之幸福，以成吾人之幸福，其道如何？無他，在人人各盡其所以處家族社會及國家之本務而已。是故接人之道，必非有妨於吾人之幸福，而適所以成之，則吾人修己之道，又安得外接人之本務而求之耶？

接人之本務有三別：一，所以處於家族者；二，所以處於社會者；三，所以處於國家者。[3] 是因其範圍之大小而別之。家族者，父子兄弟夫婦之倫，同處於一家之中者也。社會者，不必有宗族之繫，而惟以休戚相關之人集成之者也。國家者，有一定之土地及其人民，而以獨立之主權統治之者也。吾人處於其間，在家則為父

3　高平叔註：蔡元培在此處加眉批「應加世界及人類」。見《蔡元培全集》第二卷，頁192。

子，為兄弟，為夫婦，在社會則為公民，在國家則為國民，此數者，各有應盡之本務，並行而不悖，苟失其一，則其他亦受其影響，而不免有遺憾焉。

雖然，其事實雖同時並舉，而言之則不能無先後之別。請先言處家族之本務，而後及社會、國家。

家族者，社會、國家之基本也。無家族，則無社會，無國家。故家族者，道德之門徑也。於家族之道德，苟有缺陷，則於社會、國家之道德，亦必無純全之望，所謂求忠臣，必於孝子之門者此也。彼夫野蠻時代之社會，殆無所謂家族，即曰有之，亦復父子無親，長幼無序，夫婦無別。以如是家族，而欲其成立純全之社會及國家，必不可得。蔑倫背理，蓋近於禽獸矣。吾人則不然，必先有一純全之家族，父慈子孝，兄友弟悌，夫義婦和，一家之幸福，無或不足。由是而施之於社會，則為仁義，由是而施之於國家，則為忠愛。故家族之順戾，即社會之禍福，國家之盛衰，所由生焉。

家族者，國之小者也。家之所在，如國土然，其主人如國之有元首，其子女什從，猶國民焉，其家族之系統，則猶國之歷史也。若夫不愛其家，不盡其職，則又安望其能愛國而盡國民之本務耶？

凡人生之幸福，必生於勤勉，而吾人之所以鼓舞其勤勉者，率在對於吾人所眷愛之家族，而有增進其幸福

之希望。彼夫非常之人，際非常之時，固有不顧身家以自獻於公義者，要不可以責之於人人。吾人苟能親密其家族之關係，而養成相友相助之觀念，則即所以間接而增社會、國家之幸福者矣。

凡家族所由成立者，有三倫焉：一曰親子；二曰夫婦；三曰兄弟姊妹。三者各有其本務，請循序而言之。

● 第二節 **子女**

提要

　　本節先提出人若無父母則無身，父母有保護胎兒、保護嬰兒之劬勞，以至終身為子劬勞。又指出惟人類能孝親，人類之長成最難，而孝者為百行之本。

　　行孝之道在於順、愛、敬、報德。順即順父母之命，年幼及年長時須順命，惟亂命不從，即父為子隱，子為父隱之意義。

　　親子之情發於天性，而愛與敬二者不可缺一。人一生最大之恩在於父母，不報恩者無異於禽獸。子女成長而父母衰老，故父母餘年無幾，應及時孝養。

　　至於報父母之德有二道：養其體及養其志。養體以圖父母安樂，侍奉父母事宜躬親；養志以求父母安心，需保其身、立其名；國之良民即為家之孝子。繼志述事，以顯揚父母之名，始為盡孝道。

　　凡人之所貴重者，莫身若焉。而無父母，則無身。然則人子於父母，當何如耶？

　　父母之愛其子也，根於天性，其感情之深厚，無足

以尚之者。子之初娠也，其母為之不敢頓足，不敢高語，選其飲食，節其舉動，無時無地，不以有妨於胎兒之康健為慮。及其生也，非受無限之劬勞以保護之，不能全其生，而父母曾不以是為煩。飢則憂其食之不飽，飽則又慮其太過；寒則恐其涼，暑則懼其暍。不惟此也，雖嬰兒之一啼一笑，亦無不留意焉，而同其哀樂。及其稍長，能匍匐也，則望其能立；能立也，則又望其能行。及其六七歲而進學校也，則望其日有進境。時而罹疾，則呼醫求藥，日夕不遑，而不顧其身之因而衰弱。其子遠遊，或日暮而不歸，則倚門而望之，惟祝其身之無恙。及其子之畢業於普通教育，而能營獨立之事業也，則尤關切於其成敗。其業之隆，父母與喜；其業之衰，父母與憂焉。蓋終其身無不為子而劬勞者。嗚呼！父母之恩，世豈有足以比例之者哉！

世人於一飯之恩，且圖報焉，父母之恩如此，將何以報之乎？

事父母之道，一言以蔽之，則曰孝。親之愛子，雖禽獸猶或能之，而子之孝親，則獨見之於人類。故孝者，即人之所以為人者也。蓋歷久而後能長成者，惟人為最。其他動物，往往生不及一年，而能獨立自營，其沐恩也不久，故子之於親，其本務亦隨之而輕。人類則否，其受親之養護也最久，所以勞其親之身心者亦最大。然

則對於其親之本務，亦因而重大焉，是自然之理也。

　且夫孝者，所以致一家之幸福者也。一家猶一國焉，家有父母，如國有元首；元首統治一國，而人民不能從順，則其國必因而衰弱；父母統治一家，而子女不盡孝養，則一家必因而乖戾。一家之中，親子兄弟，日相鬩而不已，則由如是之家族，而集合以為社會，為國家，又安望其協和而致治乎？

　古人有言，孝者百行之本。孝道不盡，則其餘殆不足觀。蓋人道莫大於孝，亦莫先於孝。以之事長則順，以之交友則信。苟於凡事皆推孝親之心以行之，則道德即由是而完。《論語》曰：其為人也孝悌，而好犯上者鮮矣；君子務本，本立而道生，孝悌也者，其為人之本與！此之謂也。

　然則吾人將何以行孝乎？孝道多端，而其要有四：曰順；曰愛；曰敬；曰報德。

　順者，謹遵父母之訓誨及命令也。然非不得已而從之也，必有誠懇歡欣之意以將之。蓋人子之信其父母也至篤，則於其所訓也，曰：是必適於德義；於其所戒也，曰：是必出於慈愛；以為吾遵父母之命，其必可以增進吾身之幸福無疑也。曾何所謂勉強者。彼夫父母之於子也，即遇其子之不順，亦不能恝然置之，尚當多為指導之術，以盡父母之道，然則人子安可不以順為本務者。

世有悲其親不慈者，率由於事親之不得其道，其咎蓋多在於子焉。

子之幼也，於順命之道，無可有異辭者，蓋其經驗既寡，知識不充，決不能循己意以行事。當是時也，於父母之訓誨若命令，當悉去成見，而婉容愉色以聽之，毋或有抗言，毋或形不滿之色。及漸長，則自具辨識事理之能力，然於父母之言，亦必虛心而聽之。其父母閱歷既久，經驗較多，不必問其學識之如何，而其言之切於實際，自有非青年所能及者。苟非有利害之關係，則雖父母之言，不足以易吾意，而吾亦不可以抗爭。其或關係利害而不能不爭也，則亦當和氣怡色而善為之辭，徐達其所以不敢苟同於父母之意見，則始能無忤於父母矣。

人子年漸長，智德漸備，處世之道，經驗漸多，則父母之干涉之也漸寬，是亦父母見其子之成長而能任事，則漸容其自由之意志也。然順之跡，不能無變通；而順之意，則為人子所須臾不可離者。凡事必時質父母之意見，而求所以達之。自恃其才，悍然違父母之志而不顧者，必非孝子也。至於其子遠離父母之側，而臨事無遑請命，抑或居官吏兵士之職，而不能以私情參預公義，斯則事勢之不得已者也。

人子順親之道如此，然亦有不可不變通者。今使親

有亂命，則人子不惟不當妄從，且當圖所以諫阻之。知其不可為，以父母之命而勉從之者，非特自罹於罪，且因而陷親於不義，不孝之大者也。若乃父母不幸而有失德之舉，不密圖補救，而輒暴露之，則亦非人子之道。孔子曰：父為子隱，子為父隱。是其義也。

愛與敬，孝之經緯也。親子之情，發於天性，非外界輿論，及法律之所強。是故親之為其子，子之為其親，去私克己，勞而無怨，超乎利害得失之表，此其情之所以為最貴也。本是情而發見者，曰愛曰敬，非愛則馴至於乖離，非敬則漸流於狎愛。愛而不敬，禽獸猶或能之；敬而不愛，親疏之別何在？二者失其一，不可以為孝也。

能順能愛能敬，孝親之道畢乎？曰：未也。孝子之所最盡心者，圖所以報父母之德是也。

受人之恩，不敢忘焉，而必圖所以報之，是人類之美德也。而吾人一生最大之恩，實在父母。生之育之飲食之教誨之，不特吾人之生命及身體，受之於父母，即吾人所以得生存於世界之術業，其基本亦無不為父母所畀者，吾人烏能不日日銘感其恩，而圖所以報答之乎？人苟不容心於此，則雖謂其等於禽獸可也。

人之老也，餘生無幾，雖路人見之，猶起惻隱之心，況為子者，日見其父母老耄衰弱，而能無動於中乎？昔也，父母之所以愛撫我者何其摯；今也，我之所以慰藉

我父母者，又烏得而苟且乎？且父母者，隨其子之成長而日即於衰老者也。子女增一日之成長，則父母增一日之衰老，及其子女有獨立之業，而有孝養父母之能力，則父母之餘年，固已無已矣。猶不及時而盡其孝養之誠，忽忽數年，父母已棄我而長逝，我能無抱終天之恨哉？

吾人所以報父母之德者有二道，一曰養其體，二曰養其志。

養體者，所以圖父母之安樂也。盡我力所能及，為父母調其飲食，娛其耳目，安其寢處，其他尋常日用之所需，無或缺焉而後可。夫人子既及成年，而尚缺口體之奉於其父母，固已不免於不孝，若乃豐衣足食，自恣其奉，而不顧父母之養，則不孝之尤矣。

父母既老，則肢體不能如意，行止坐臥，勢不能不待助於他人。人子苟可以自任者，務不假手於婢僕而自任之，蓋同此扶持抑搔之事，而出於其子，則父母之心尤為快足也。父母有疾，苟非必不得已，則必親侍湯藥。回思幼稚之年，父母之所以鞠育我者，劬勞如何，即盡吾力以為孝養，亦安能報其深恩之十一歟？為人子者，不可以不知此也。

人子既能養父母之體矣，尤不可不養其志。父母之志，在安其心而無貽以憂。人子雖備極口體之養，苟

其品性行為，常足以傷父母之心，則父母又何自而安樂乎？口體之養，雖不肖之子，苟有財力，尚能供之。至欲安父母之心而無貽以憂，則所謂一發言一舉足而不敢忘父母，非孝子不能也。養體，末也；養志，本也；為人子者，其務養志哉。

養志之道，一曰衞生。父母之愛子也，常祝其子之康強。苟其子孱弱而多疾，則父母重憂之。故衞生者，非獨自修之要，而亦孝親之一端也。若乃冒無謂之險，逞一朝之忿，以危其身，亦非孝子之所為。有人於此，雖贈我以至薄之物，我亦必鄭重而用之，不辜負其美意也。我身者，父母之遺體，父母一生之劬勞，施於吾身者為多，然則保全之而攝衞之，寧非人子之本務乎？孔子曰：身體髮膚，受之父母，不敢毀傷，孝之始也。此之謂也。

雖然，徒保其身而已，尚未足以養父母之志。父母者，既欲其子之康強，又樂其子之榮譽者也。苟其子庸劣無狀，不能盡其對於國家、社會之本務，甚或陷於非僻，以貽羞於其父母，則父母方愧憤之不遑，又何以得其歡心耶？孔子曰：事親者，居上不驕，為下不亂，在醜不爭。居上而驕則亡；為下而亂則刑；在醜而爭則兵。不去此三者，雖日用三牲之養，猶不孝也。正謂此也。是故孝者，不限於家族之中，非於其外有立身行道

之實，則不可以言孝。謀國不忠，蒞官不敬，交友不信，皆不孝之一。至若國家有事，不顧其身而赴之，則雖殺其身而父母榮之。國之良民，即家之孝子。父母固以其子之榮譽為榮譽，而不願其苟生以取辱者也。此養志之所以重於養體也。

翼贊父母之行為，而共其憂樂，此亦養志者之所有事也。故不問其事物之為何，苟父母之所愛敬，則己亦愛敬之；父母之所嗜好，則己亦嗜好之。

凡此皆親在之時之孝行也。而孝之為道，雖親沒以後，亦與有事焉。父母沒，葬之以禮，祭之以禮；父母之遺言，沒身不忘，且善繼其志，善述其事，以無負父母。更進而內則盡力於家族之昌榮，外則盡力於社會、國家之業務，使當世稱為名士偉人，以顯揚其父母之名於不朽，必如是而孝道始完焉。

◐ 第三節 父母

提要

　　本節先述父母之道，指出溺愛非慈，養子教子均為父母之本務。

　　繼而陳述養子之道及教子之道，家庭為人生最初之學校，善良之家庭為社會、國家隆盛之本。

　　人一生之事業決於嬰孩，以家庭作為模範，故家庭教育之利害關係甚大。父母需寬嚴適中，亦需為子擇業。

　　子於父母，固有當盡之本務矣，而父母之對於其子也，則亦有其道在。人子雖未可以此責善於父母。而凡為人子者，大抵皆有為父母之時，不知其道，則亦有貽害於家族、社會、國家而不自覺其非者。精於言孝，而忽於言父母之道，此亦一偏之見也。

　　父母之道雖多端，而一言以蔽之曰慈。子孝而父母慈，則親子交盡其道矣。

　　慈者，非溺愛之謂，謂圖其子終身之幸福也。子之所嗜，不問其邪正是非而輒應之，使其逞一時之快，而

或貽百年之患，則不慈莫大於是。故父母之於子，必考察夫得失利害之所在，不能任自然之愛情而徑行之。

養子教子，父母第一之本務也。世豈有貴於人之生命者，生子而不能育之，或使陷於困乏中，是父母之失其職也。善養其子，以至其成立而能營獨立之生計，則父母育子之職盡矣。

父母既有養子之責，則其子身體之康強與否，亦父母之責也。衛生之理，非稚子所能知。其始生也，蠢然一小動物耳，起居無力，言語不辨，且不知求助於人，使非有時時保護之者，殆無可以生存之理。而保護之責，不在他人，而在生是子之父母，固不待煩言也。

既能養子，則又不可以不教之。人之生也，智德未具，其所具者，可以吸受智德之能力耳。故幼稚之年，無所謂善，無所謂智，如草木之萌蘗然，可以循人意而矯揉之，必經教育而始成有定之品性。當其子之幼稚，而任教訓指導之責者，捨父母而誰？此家庭教育之所以為要也。

家庭者，人生最初之學校也。一生之品性，所謂百變不離其宗者，大抵胚胎於家庭之中。習慣固能成性，朋友亦能染人，然較之家庭，則其感化之力遠不及者。社會、國家之事業，繁矣，而成此事業之人物，孰非起於家庭中呱呱之小兒乎？雖偉人傑士，震驚一世之意

見及行為，其託始於家庭中幼年所受之思想者，蓋必不鮮。是以有為之士，非出於善良之家庭者，世不多有。善良之家庭，其社會、國家所以隆盛之本歟？

幼兒受於家庭之教訓，雖薄物細故，往往終其生而不忘。故幼兒之於長者，如枝幹之於根本然。一日之氣候，多定於崇朝，一生之事業，多決於嬰孩，甚矣。家庭教育之不可忽也。

家庭教育之道，先在善良其家庭。蓋幼兒初離襁褓，漸有知覺，如去暗室而見白日然，官體之所感觸，事事物物，無不新奇而可喜。其時經驗既乏，未能以自由之意志，擇其行為也，則一切取外物而摹仿之，自然之勢也。當是時也，使其家庭中事事物物，凡縈繞幼兒之旁者，不免有腐敗之跡，則此兒清潔之心地，遂納以終身不磨之瑕玷。不然，其家庭之中，悉為敬愛正直諸德之所充，則幼兒之心地，又何自而被玷乎？有家庭教育之責者，不可不先正其模範也。

為父母者，雖各有其特別之職份，而尚有普通之職份，行止坐臥，無可以須臾離者，家庭教育是也。或擇其業務，或定其居所，及其他言語飲食衣服器用，凡日用行常之間，無不考之於家庭教育之利害而擇之。昔孟母教子，三遷而後定居，此百世之師範也。父母又當乘時機而為訓誨之事，子有疑問，則必以真理答之，不可

以荒誕無稽之言塞其責；其子既有辨別善惡是非之知識，則父母當監視而以時勸懲之，以堅其好善惡惡之性質。無失之過嚴，亦無過寬，約束與放任，適得其中而已。凡母多偏於慈，而父多偏於嚴。子之所以受教者偏，則其性質亦隨之而偏。故欲養成中正之品性者，必使受寬嚴得中之教育也。其子漸長，則父母當相其子之材器，為之慎擇職業，而時有以指導之。年少氣銳者，每不遑熟慮以後之利害，而定目前之趨向，故於子女獨立之始，知能方發，閱歷未深，實為危險之期，為父母者，不可不慎監其所行之得失，而以時勸戒之。

提要

　　本節先明言夫婦為人倫之始，夫婦之第一義為愛情，夫婦之道首先重在婚姻之禮，而純粹之愛情非境遇所能移。

　　構成家庭後夫婦分業，夫妻各有本務，而男女性質不同，應剛柔相濟。

　　國之本在家，家之本在夫婦。夫婦和，小之為一家之幸福，大之致一國之富強。古人所謂人倫之始，風化之原者，此也。

　　夫婦者，本非骨肉之親，而配合以後，苦樂與共，休戚相關，遂為終身不可離之伴侶。而人生幸福，實在於夫婦好合之間。然則夫愛其婦，婦順其夫，而互維其親密之情義者，份也。夫婦之道苦，則一家之道德失其本，所謂孝悌忠信者，亦無復可望，而一國之道德，亦由是而頹廢矣。

　　愛者，夫婦之第一義也。各捨其私利，而互致其情，互成其美，此則夫婦之所以為夫婦，而亦人生最貴之感

情也。有此感情，則雖在困苦顛沛之中，而以同情者之互相慰藉，乃別生一種之快樂。否則感情既薄，厭忌嫉妒之念，乘隙而生，其名夫婦，而其實乃如路人，雖日處華膴之中，曾何有人生幸福之真趣耶？

夫婦之道，其關係如是其重也，則當夫婦配合之始，婚姻之禮，烏可以不慎乎？是為男女一生禍福之所繫，一與之齊，終身不改焉。其或不得已而離婚，則為人生之大不幸，而彼此精神界，遂留一終身不滅之創痍。人生可傷之事，孰大於是。

婚姻之始，必本諸純粹之愛情。以財產容色為準者，決無以持永久之幸福。蓋財產之聚散無常，而容色則與年俱衰。以是為準，其愛情可知矣。純粹之愛情，非境遇所能移也。

何謂純粹之愛情，曰生於品性。男子之擇婦也，必取其婉淑而貞正者；女子之擇夫也，必取其明達而篤實者。如是則必能相信相愛，而構成良善之家庭矣。

既成家族，則夫婦不可以不分業。男女之性質，本有差別：男子體力較強，而心性亦較為剛毅；女子則體力較弱，而心性亦毗於溫柔。故為夫者，當盡力以護其妻，無妨其衛生，無使過悴於執業，而其妻日用之所需，不可以不供給之。男子無養其妻之資力，則不宜結婚。既婚而困其妻於飢寒之中，則失為夫者之本務矣。女子

之知識才能，大抵遜於男子，又以專司家務，而社會間之閱歷，亦較男子為淺。故妻子之於夫，苟非受不道之驅使，不可以不順從。而貞固不渝，憂樂與共，則皆為妻者之本務也。夫倡婦隨，為人倫自然之道德。夫為一家之主，而妻其輔佐也，主輔相得，而家政始理。為夫者，必勤業於外，以贍其家族；為妻者，務整理內事，以輔其夫之所不及，是各因其性質之所近而分任之者。男女平權之理，即在其中，世之持平權說者，乃欲使男女均立於同等之地位，而執同等之職權，則不可通者也。男女性質之差別，第觀於其身體結構之不同，已可概見：男子骨格偉大，堪任力役，而女子則否；男子長於思想，而女子銳於知覺；男子多智力，而女子富感情；男子務進取，而女子喜保守。是以男子之本務，為保護，為進取，為勞動；而女子之本務，為輔佐，為謙讓，為巽順；是剛柔相濟之理也。

生子以後，則夫婦即父母，當盡教育之職，以綿其家族之世系，而為社會、國家造成有為之人物。子女雖多，不可有所偏愛，且必預計其他日對於社會、國家之本務，而施以相應之教育。以子女為父母所自有，而任意虐遇之，或驕縱之者，是社會、國家之罪人，而失父母之道者也。

提要

本節言何謂兄弟姊妹之情，兄弟姊妹之情並不以異業異居而改，並指出弟妹之道、兄姊之道。

兄弟姊妹不和則傷父母之心，家族不和國家亦受其害。兄弟貴於財產，而兄姊舉動亦不可不慎。

兄弟對姊妹、姊妹對兄弟均有本務。及至父母既歿，兄弟姊妹相待之道，亦有互相扶翼之效。

有夫婦而後有親子，有親子而後有兄弟姊妹。兄弟姊妹者，不惟骨肉關係，自有親睦之情。而自其幼時提挈於父母之左右，食則同案，學則並几，遊則同方，互相扶翼，若左右手然，又足以養其親睦之習慣。故兄弟姊妹之愛情，自有非他人所能及者。

兄弟姊妹之愛情，亦如父母夫婦之愛情然，本乎天性，而非有利害得失之計較，雜於其中。是實人生之至寶，雖珠玉不足以易之，不可以忽視而放棄者也。是以我之兄弟姊妹，雖偶有不情之舉，我必當寬容之，而不遽加以責備，常有因彼我責善，而傷手足之感情者，是

亦不可不慎也。

　　蓋父母者，自其子女視之，所能朝夕與共者，半生耳。而兄弟姊妹則不然，年齡之差，遠遜於親子，休戚之關，終身以之。故兄弟姊妹者，一生之間，當無時而不以父母膝下之情狀為標準者也。長成以後，雖漸離父母，而異其業，異其居，猶必時相過從，禍福相同，憂樂與共，如一家然。即所居懸隔，而歲時必互通音問，同胞之情，雖千里之河山，不能阻之。遠適異地，而時得見愛者之音書，實人生之至樂。回溯疇昔相依之狀；預計他日再見之期，友愛之情，有油然不能自已者矣。

　　兄姊之年，長於弟妹，則其智識經驗，自較勝於幼者，是以為弟妹者，當視其兄姊為兩親之次，遵其教訓指導而無敢違。雖在他人，幼之於長，必盡謙讓之禮，況於兄姊耶？為兄姊者，於其弟妹，亦當助父母提撕勸戒之責，毋得挾其年長，而以暴慢恣睢之行施之。浸假兄姊凌其弟妹，或弟妹慢其兄姊，是不啻背於倫理，而彼此交受其害，且因而傷父母之心，以破一家之平和，而釀社會、國家之隱患。家之於國，如細胞之於有機體，家族不合，則一國之人心，必不能一致，人心離畔，則雖有億兆之眾，亦何以富強其國家乎？

昔西哲蘇格拉底，見有兄弟不睦者而戒之曰：「兄弟貴於財產。何則？財產無感覺，而兄弟有同情；財產賴吾人之保護，而兄弟則保護吾人者也。凡人獨居，則必思羣，何獨疏於其兄弟乎？且兄弟非同其父母者耶？」不見彼禽獸同育於一區者，不尚互相親愛耶？而兄弟顧不互相親愛耶？其言深切著明，有兄弟者，可以鑒焉。

兄弟姊妹，日相接近，其相感之力甚大。人之交友也，習於善則善，習於惡則惡。兄弟姊妹之親善，雖至密之朋友，不能及焉。其習染之力何如耶？凡子弟不從父母之命，或以粗野侮慢之語對其長者，率由於兄弟姊妹間，素有不良之模範。故年長之兄姊，其一舉一動，悉為弟妹所屬目而摹仿，不可以不慎也。

兄弟之於姊妹，當任保護之責，蓋婦女之體質既纖弱，而精神亦毗於柔婉，勢不能不倚於男子。如昏夜不敢獨行；即受讒諑，亦不能如男子之慷慨爭辨，以申其權利之類是也。故姊妹未嫁者，助其父母而扶持保護之，此兄弟之本務也。而為姊妹者，亦當盡力以求有益於其兄弟。少壯之男子，尚氣好事，往往有凌人冒險，以小不忍而釀巨患者，諫止之力，以姊妹之言為最優。蓋女子之情醇篤，而其言尤為蘊藉，其所以殺壯年之客氣者，較男子之抗爭為有效也。兄弟姊妹能互相扶翼，

如是，則可以同休戚而永續其深厚之愛情矣。

　不幸而父母早逝，則為兄姊者，當立於父母之地位，而撫養其弟妹。當是時也，弟妹之親其兄姊，當如父母，蓋可知也。

提要

　　本節先言家族及姻戚之構成，處族戚之道及族戚之關係。

　　再指出主僕之關係和僕役之本務，此外，主人對僕役亦有本務，而僕役與主人子女之關係亦很重要。

　　家族之中，既由夫婦而有父子，由父子而有兄弟姊妹，於是由兄弟之所生，而推及於父若祖若曾祖之兄弟，及其所生之子若孫，是謂家族。且也，兄弟有婦，姊妹有夫，其母家婿家，及父母以上凡兄弟之婦之母家，姊妹之婿家，皆為姻戚焉。既為族戚，則溯其原本，同出一家，較之無骨肉之親，無葭莩之誼者，關係不同，交際之間，亦必視若家人，歲時不絕音問，吉凶相慶吊，窮乏相振恤，此族戚之本務也。天下滔滔，羣以利害得失為聚散之媒，而獨於族戚間，尚互以真意相酬答，若一家焉，是亦人生之至樂也。

　　人之於鄰里，雖素未相識，而一見如故。何也？其關係密也。至於族戚，何獨不然。族戚者，非惟一

代之關係，而實祖宗以來歷代之關係。即不幸而流離顛沛之時，或朋友不及相救，故舊不及相顧，當此之時，所能援手者，非族戚而誰？然則平日之宜相愛相扶也明矣。

僕之於主，雖非有肺腑之親，然平日追隨既久，關係之密切，次於家人。是故忠實馴順者，僕役之務也；懇切慈愛者，主人之務也。

為僕役者，宜終始一心，以從主人之命，不顧主人之監視與否，而必盡其職，且不以勤苦而有怏怏之狀。同一事也，怡然而為之，則主人必尤為快意也。若乃挾詐慢之心以執事，甚或訐主人之陰事，以暴露於鄰保，是則不義之尤者矣。

夫人莫不有自由之身體，及自由之意志，不得已而被役於人，雖有所取償，然亦至可憫矣。是以為主人者，宜長存哀矜之心，使役有度，毋任意斥責，若犬馬然。至於僕役傭資，即其人沽售勞力之價值，至為重要，必如約而畀之。夫如是，主人善視其僕役，則僕役亦必知感而盡職矣。

僕役之良否，不特於一家之財政有關，且常與子女相馴。苟品性不良，則子女輒被其誘惑，往往有日陷於非僻而不覺者。故有僕役者，選擇不可不慎，而監督尤不可不周。

自昔有所謂義僕者，常於食力以外，別有一種高尚之感情，與其主家相關係焉。或終身不去，同於家人；或遇其窮厄，艱苦共嚐而不怨；或以身殉主自以為榮。有是心也，推之國家，可以為忠良之國民。雖本於其天性之篤厚，然非其主人信愛有素，則亦不足以致之。

第三章

社　會

● 第一節 **總論**

提要

　　本節先述何謂社會，何謂國家。人有喜羣之性，不以家族為限。體魄與社會、精神與社會有莫大之關係，報效社會，始能圖社會之幸福。

　　國家與社會之關係中，道德與法律扮演重要角色。人在社會的本務有二綱：公義、公德。

　　公義指不侵他人之權利，包括生命、財產、名譽。公德包括博愛、圖公益、開世務。公義公德均不可偏廢。

　　凡趨向相同利害與共之人，集而為羣，苟其於國家無直接之關係，於法律無一定之限制者，皆謂之社會。

是以社會之範圍，廣狹無定，小之或局於鄉里，大之則互於世界，如所謂北京之社會，中國之社會，東洋之社會，與夫勞工社會、學者社會之屬，皆是義也。人生而有合羣之性，雖其種族大別，國土不同者，皆得相依相扶，合而成一社會，此所以有人類社會之道德也。然人類恆因土地相近種族相近者，建為特別之團體，有統一制裁之權，謂之國家，所以彌各種社會之缺憾，而使之互保其福利者也。故社會之範圍，雖本無界限，而以受範於國家者為最多。蓋世界各國，各有其社會之特性，而不能相融，是以言實踐道德者，於人類社會，固有普通道德，而於各國社會，則又各有其特別之道德，是由於其風土人種習俗歷史之差別而生者。而本書所論，則皆適宜於我國社會之道德也。

人之組織社會，與其組織家庭同，而一家族之於社會，則亦猶一人之於家族也。人之性，厭孤立而喜羣居，是以家族之結合，終身以之。而吾人喜羣之性，尚不以家族為限。向使局處家庭之間，與家族以外之人，情不相通，事無與共，則此一家者，無異在窮山荒野之中，而其家亦烏能成立乎？

蓋人類之體魄及精神，其能力本不完具，非互相左右，則馴至不能生存。以體魄言之，吾人所以避風雨寒熱之苦，禦猛獸毒虫之害，而晏然保其生者，何一非社

會之賜？以精神言之，則人苟不得已而處於孤立之境，感情思想，一切不能達之於人，則必有非常之苦痛，甚有因是而病狂者。蓋人之有待於社會，如是其大也。且如語言文字之屬，凡所以保存吾人之情智而發達之者，亦必賴社會之組織而始存。然則一切事物之關係於社會，蓋可知矣。

夫人食社會之賜如此，則人之所以報效於社會者當如何乎？曰：廣公益，開世務，建立功業，不顧一己之利害，而圖社會之幸福，則可謂能盡其社會一員之本務者矣。蓋公爾忘私之心，於道德最為高尚，而社會之進步，實由於是。故觀於一社會中志士仁人之多寡，而其社會進化之程度可知也。使人人持自利主義，而漠然於社會之利害，則其社會必日趨腐敗，而人民必日就零落，卒至人人同被其害而無救，可不懼乎？

社會之上，又有統一而制裁之者，是為國家。國家者，由獨立之主權，臨於一定之土地、人民，而制定法律以統治之者也。凡人既為社會之一員，而持社會之道德，則又為國家之一民，而當守國家之法律。蓋道德者，本以補法律之力之所不及；而法律者，亦以輔道德之功之所未至，二者相須為用。苟悖於法律，則即為國家之罪人，而決不能援社會之道德以自護也。惟國家之本領，本不在社會。是以國家自法律範圍以外，決不干涉

社會之事業，而社會在不違法律之限，亦自有其道德之自由也。

人之在社會也，其本務雖不一而足，而約之以二綱，曰公義，曰公德。

公義者，不侵他人權利之謂也。我與人同居社會之中，人我之權利，非有逕庭，我既不欲有侵我之權利者，則我亦決勿侵人之權利。人與人互不相侵，而公義立矣。吾人之權利，莫重於生命財產名譽。生命者一切權利之本位，一失而不可復，其非他人之所得而侵犯，所不待言。財產雖身外之物，然人之欲立功名享福利者，恆不能徒手而得，必有借於財產。苟其得之以義，則即為其人之所當保守，而非他人所能干涉者也。名譽者，無形之財產，由其人之積德累行而後得之，故對於他人之讒誣污蔑，亦有保護之權利。是三者一失其安全，則社會之秩序，既無自而維持。是以國家特設法律，為吾人保護此三大權利。而吾人亦必尊重他人之權利，而不敢或犯。固為謹守法律之義務，抑亦對於社會之道德，以維持其秩序者也。

雖然，人僅僅不侵他人權利，則徒有消極之道德，而未足以盡對於社會之本務也。對於社會之本務，又有積極之道德，博愛是也。

博愛者，人生最貴之道德也。人之所以能為人者以

此。苟其知有一身而不知有公家，知有一家而不知有社會，熟視其同胞之疾苦顛連，而無動於中，不一為之援手，則與禽獸奚擇焉？世常有生而廢疾者，或有無辜而罹縲絏之辱者，其他鰥寡孤獨，失業無告之人，所在多有，且文化漸開，民智益進，社會之競爭日烈，則貧富之相去益遠，而世之素無憑借、因而沉淪者，與日俱增，此亦理勢之所必然者也。而此等沉淪之人，既已日趨苦境，又不敢背戾道德法律之束縛，以侵他人之權利，苟非有賑濟之者，安得不束手就斃乎？夫既同為人類，同為社會之一員，不忍坐視其斃而不救，於是本博愛之心，而種稱〔種〕慈善之業起焉。

博愛可以盡公德乎？未也。賑窮濟困，所以彌缺陷，而非所以求進步；所以濟目前，而非所以圖久遠。夫吾人在社會中，決不以目前之福利為已足也，且目前之福利，本非社會成立之始之所有，實吾輩之祖先，累代經營而馴致之。吾人既已沐浴祖先之遺德矣，顧不能使所承於祖先之社會，益臻完美，以遺諸子孫，不亦放棄吾人之本務乎？是故人在社會，又當各循其地位，量其勢力，而圖公益，開世務，以益美善其社會。苟能以一人而造福於億兆，以一生而遺澤於百世，則沒世而功業不朽，雖古之聖賢，蔑以加矣。

夫人既不侵他人權利，又能見他人之窮困而救之，

舉社會之公益而行之，則人生對於社會之本務，始可謂
之完成矣。吾請舉孔子之言以為證，孔子曰：「己所不
欲，勿施於人。」又曰：「己欲立而立人，己欲達而達
人。」是二者，一則限制人，使不可為；一則勸導人，
使為之。一為消極之道德；一為積極之道德。一為公義，
一為公德，二者不可偏廢。我不欲人侵我之權利，則我
亦慎勿侵人之權利，斯己所不欲勿施於人之義也。我而
窮也，常望人之救之，我知某事之有益於社會，即有益
於我，而力或弗能舉也，則望人之舉之，則吾必盡吾力
所能及，以救窮人而圖公益，斯即欲立而立人欲達而達
人之義也。二者，皆道德上之本務，而前者又兼為法律
上之本務。人而僅欲不為法律上之罪人，則前者足矣，
如欲免於道德上之罪，又不可不躬行後者之言也。

提要

　　本節指出生命為一切權利義務之基本。正當之防衛可保護生命，即使殺傷人，亦為不得已。

　　刑罰之權屬於國家，私人決鬥為野蠻行為，而征戰則為國家正當之防衛，但不與戰役之人卻不可殺傷。

　　人之生命，為其一切權利義務之基本。無端而殺之，或傷之，是即舉其一切之權利義務而悉破壞之，罪莫大焉。是以殺人者死。古今中外之法律，無不著之。

　　人與人不可以相殺傷。設有橫暴之徒，加害於我者，我豈能坐受其害？勢必盡吾力以為抵制，雖亦用橫暴之術而殺之傷之，亦為正當之防衛。正當之防衛，不特不背於嚴禁殺傷之法律，而適所以保全之也。蓋彼之欲殺傷我也，正所以破壞法律，我苟束手聽命，以至自喪其生命，則不特我自放棄其權利，而且坐視法律之破壞於彼，而不盡吾力以相救，亦我之罪也。是故以正當

之防衞而至於殺傷人，文明國之法律，所不禁也。

以正當之防衞，而至於殺傷人，是出於不得已也。使我身既已保全矣，而或餘怒未已，或挾仇必報，因而殺傷之，是則在正當防衞之外，而我之殺傷為有罪。蓋一人之權利，即以其一人利害之關係為範圍，過此以往，則制裁之任在於國家矣。犯國家法律者，其所加害，雖或止一人，而實負罪於全社會。一人即社會之一份子，一份子之危害，必有關於全體之平和，猶之人身雖僅傷其一處，而即有害於全體之健康也。故刑罰之權，屬於國家，而非私人之所得與。苟有於正當防衞之外，而殺傷人者，國家亦必以罪罪之。此不獨一人之私怨也，即或借是以復父兄戚友之仇，亦為徇私情而忘公義，今世文明國之法律多禁之。

決鬥者，野蠻之遺風也，國家既有法律以斷邪正，判曲直，而我等乃以一己之私憤，決之於格鬥，是直彼此相殺而已，豈法律之所許乎？且決鬥者，非我殺人，即人殺我，使彼我均為放棄本務之人。而求其緣起，率在於區區之私情，如〔且〕其一勝一敗，亦非曲直之所在，而視乎其技術之巧拙，此豈可與法律之裁制同日而語哉？

法律亦有殺人之事，大辟是也。大辟之可廢與否，學者所見，互有異同，今之議者，以為今世文化之程度，

大辟之刑，殆未可以全廢。蓋刑法本非一定，在視文化之程度而漸改革之。故昔日所行之刑罰，有涉於殘酷者，誠不可以不改，而悉廢死刑之說，尚不能不有待也。

因一人之正當防衞而殺傷人，為國家法律所不禁，則以國家之正當防衞而至於殺傷人，亦必為國際公法之所許，蓋不待言，征戰之役是也。兵凶戰危，無古今中外，人人知之，而今之持社會主義者，言之尤為痛切。然坤輿之上，既尚有國界，各國以各圖其國民之利益，而不免與他國相衝突，衝突既劇，不能取決於樽俎之間，而決之以干戈。則其國民之躬與兵役者，發槍揮刃，以殺傷敵人，非特道德法律，皆所不禁，而實出於國家之命令，且出公款以為之準備者也。惟敵人之不與戰役，或戰敗而降服者，則雖在兩國開戰之際，亦不得輒加以危害，此著之國際公法者也。

◑ 第三節 **財產**

提要

　　本節言財產之重，次於生命。所謂財產來自先佔及勞力。先佔以勞力為基本，人有處置其財產之權，亦有財產蓄積之權，及財產遺贈之權。

　　財產有四大本務：關於他人財產直接之本務、關於貸借之本務、關於寄託之本務、關於市易之本務。他人財產直接之本務，指誘取所得之財，貌為廉潔、陰佔厚利等，均為不義之財。貸借之本務指若假貸於人，則有償還及謝恩之責，朋友親戚亦有通財之義，貸財宜守期限。寄託之本務指保守他人財物尤宜慎重。至於市易之本務則以正直為重。

　　夫生命之可重，既如上章所言矣。然人固不獨好生而已，必其生存之日，動作悉能自由，而非為他人之傀儡，則其生始為可樂，於是財產之權起焉。蓋財產者，人所辛苦經營所得之，於此無權，則一生勤力，皆為虛擲，而於己毫不相關，生亦何為？且人無財產權，則生計必有時不給，而生命亦終於不保。故財產之可

重，次於生命，而盜竊之罪，次於殺傷，亦古今中外之所同也。

財產之可重如此，然則財產果何自而始乎？其理有二：曰先佔；曰勞力。

有物於此，本無所屬，則我可以取而有之。何則？無主之物，我佔之，而初非有妨於他人之權利也，是謂先佔。

先佔者，勞力之一端也。田於野，漁於水，或發見無人之地而佔之，是皆屬於先佔之權者，雖其事難易不同，而無一不需乎勞力。故先佔之權，亦以勞力為基本，而勞力即為一切財產權所由生焉。

凡不待勞力而得者，雖其物為人生所必需，而不得謂之財產。如空氣彌綸大地，任人呼吸，用之而不竭，故不可以為財產。至於山禽野獸，本非有畜牧之者，故不屬於何人，然有人焉捕而獲之，則得據以為財產，以其為勞力之效也。其他若耕而得粟，製造而得器，其須勞力，便不待言，而一切財產之權，皆循此例矣。

財產者，所以供吾人生活之資，而俾得盡力於公私之本務者也。而吾人之處置其財產，且由是而獲贏利，皆得自由，是之謂財產權。財產權之確定與否，即國之文野所由分也。蓋此權不立，則橫斂暴奪之事，公行於社會，非特無以保秩序而進幸福，且足以阻人民勤勉之

心，而社會終於墮落也。

財產權之規定，雖恃乎法律，而要非人人各守權限，不妄侵他人之所有，則亦無自而確立，此所以又有道德之制裁也。

人既得佔有財產之權，則又有權以蓄積之而遺贈之，此自然之理也。蓄積財產，不特為己計，且為子孫計，此亦人情敦厚之一端也。苟無蓄積，則非特無以應意外之需，所關於己身及子孫者甚大，且使人人如此，則社會之事業，將不得有力者以舉行之，而進步亦無望矣。遺贈之權，亦不過實行其佔有之權。蓋人以己之財產遺贈他人，無論其在生前，在死後，要不外乎處置財產之自由，而家產世襲之制，其理亦同。蓋人苟不為子孫計，則其所經營積蓄者，及身而止，無事多求，而人願畢生勤勉，豐取嗇用，若不知止足者，無非為子孫計耳。使其所蓄不得遺之子孫，則又誰樂為勤儉者？此即遺財產之權之所由起，而其他散濟戚友捐助社會之事，可以例推矣。

財產權之所由得，或以先佔，或以勞力，或以他人之所遺贈，雖各不同，而要其權之不可侵則一也。是故我之財產，不願為他人所侵，則他人之財產，我亦不得而侵之，此即對於財產之本務也。

關於財產之本務有四：一曰，關於他人財產直接之

本務；二曰，關於貸借之本務；三曰，關於寄託之本務；四曰，關於市易之本務。

　　盜竊之不義，雖三尺童子亦知之，而法律且厲禁之矣。然以道德衡之，則非必有穿窬劫掠之跡，而後為盜竊也。以虛偽之術，誘取財物，其間或非法律所及問，而揆諸道德，其罪亦同於盜竊。又有貌為廉潔，而陰佔厚利者，則較之盜竊之輩，迫於飢寒而為之者，其罪尤大矣。

　　人之所得，不必與其所需者，時時相應，於是有借貸之法，有無相通，洵人生之美事也。而有財之人，本無必應假貸之義務，故假貸於人而得其允諾，則不但有償還之責任，而亦當感謝其恩意。且財者，生利之具，以財貸人，則並其貸借期內可生之利而讓之，故不但有要求償還之權，而又可以要求適當之酬報。而貸財於人者，既憑借所貸，而享若干之利益，則割其一部份以酬報於貸我者，亦當盡之本務也。惟利益之多寡，隨時會而有贏縮，故要求酬報者，不能無限。世多有乘人困迫，而脅之以過當之息者，此則道德界之罪人矣。至於朋友親戚，本有通財之義，有負債者，其於感激報酬，自不得不引為義務，而以財貸之者，要不宜計較錙銖，以流於利交之陋習也。

　　凡貸財於人者，於所約償還之期，必不可以不守。

也或有僅以償還及報酬為負債者之本務，而不顧其期限者，此謬見也。例如學生假師友之書，期至不還，甚或轉假於他人，則馴致不足以取信，而有書者且以貸借於人相戒，豈非人己兩妨者耶？

受人之屬而為之保守財物者，其當慎重，視己之財物為尤甚，苟非得其人之預約，及默許，則不得擅用之。自天災時變非人力所能挽救外，苟有損害，皆保守者之責，必其所歸者，一如其所授，而後保守之責為無忝。至於保守者之所費，與其當得之報酬，則亦物主當盡之本務也。

人類之進化，由於分職通功，而分職通功之所以行，及基本於市易。故市易者，大有造於社會者也。然使為市易者，於貨物之精粗，價值之低昂，或任意居奇，或乘機作偽，以為是本非法律所規定也，而以商賈之道德繩之，則其事已謬。且目前雖佔小利而頓失其他日之信用，則所失正多。西諺曰：正直者，上乘之策略。洵至言也。

人於財產，有直接之關係，自非服膺道義恪守本務之人，鮮不為其所誘惑，而不知不覺，躬犯非義之舉。盜竊之罪，律有明文，而清議亦復綦嚴，犯者尚少。至於貸借寄託市易之屬，往往有違信背義，以佔取一時之利者，斯則今之社會，不可不更求進步者也。夫財物之

當與人者，宜不待其求而與之，而不可取者，雖見贈亦不得受。一則所以重人之財產，而不敢侵；一則所以守己之本務，而無所歉。人人如是，則社會之福利，寧有量歟？

◐ 第四節　名譽

提要

　　本節指人類有精神之嗜慾，愛重名譽，殺身成名，可見名譽難得。

　　名譽之敵有二：讒誣、誹謗。讒誣之可惡甚於盜竊，而誹謗亦為君子所不為。

　　讒誣、誹謗若施之於死者，則更為可惡。名譽之斷定宜慎。但對於有害於社會的奸宄之行，則應盡力攻斥，以去除社會之公敵，這與損人名譽不是同一回事。

　　人類者，不徒有肉體之嗜慾也，而又有精神之嗜慾。是故飽暖也，富貴也，皆人之所欲也，苟所得僅此而已，則人又有所不足，是何也？曰：無名譽。

　　豹死留皮，人死留名。言名譽之不朽也。人既有愛重名譽之心，則不但寶之於生前，而且欲傳之於死後，此即人所以異於禽獸。而名譽之可貴，乃舉人人生前所享之福利，而無足以尚之，是以古今忠孝節義之士，往往有殺身以成其名者，其價值之高為何如也。

夫社會之中，所以互重生命財產而不敢相侵者，何也？曰：此他人正當之權利也。而名譽之所由得，或以天才，或以積瘁，其得之之難，過於財產，而人之所愛護也，或過於生命。苟有人焉，無端而毀損之，其與盜人財物、害人生命何異？是以生命財產名譽三者，文明國之法律，皆嚴重保護之。惟名譽為無形者，法律之制裁，時或有所不及，而愛重保護之本務，乃不得不偏重於道德焉。

名譽之敵有二：曰讒誣；曰誹謗。二者，皆道德界之大罪也。

讒誣者，虛造事跡，以污蔑他人名譽之謂也。其可惡蓋甚於盜竊。被盜者，失其財物而已；被讒誣者，或並其終身之權利而胥失之。流言一作，雖毫無根據，而妒賢嫉才之徒，率喧傳之，舉世靡然，將使公平摯實之人，亦為其所惑，而不暇詳求，則其人遂為眾惡之的，而無以自立於世界。古今有為之才，被讒誣之害，以至名敗身死者，往往而有，可不畏乎？

誹謗者，乘他人言行之不檢，而輕加以惡評者也。其害雖不如讒誣之甚，而其違公義也同。吾人既同此社會，利害苦樂，靡不相關，成人之美而救其過，人人所當勉也。見人之短，不以懇摯之意相為規勸，而徒譏評之以為快，又或乘人不幸之時，而以幸災樂禍之

態，歸咎於其人，此皆君子所不為也。且如警察官吏，本以抉發隱惡為職，而其權亦有界限，若乃不在其職，而務訐人隱私，以為談笑之資，其理何在？至於假託公益，而為誹謗，以逞其媢嫉之心者，其為悖戾，更不待言矣。

世之為讒誣誹謗者，不特施之於生者，而或且施之於死者，其情更為可惡。蓋生者尚有辨白昭雪之能力，而死者則並此而無之也。原讒誣誹謗之所由起，或以嫉妒，或以猜疑，或以輕率。夫羨人盛名，吾奮而思齊焉可也，不此之務，而忌之毀之，損人而不利己，非大愚不出此。至於人心之不同如其面，因人一言一行，而輒推之於其心術，而又往往以不肖之心測之，是徒自表其心地之齷齪耳。其或本無成見，而嫉惡太嚴，遇有不協於心之事，輒以惡評加之，不知人事蕃變，非備悉其始末，灼見其情偽，而平心以判之，鮮或得當，不察而率斷焉，因而過甚其詞，則動多謬誤，或由是而貽害於社會者，往往有之。且輕率之斷定，又有平日憎疾其人而起者。憎疾其人，而輒以惡意斷定其行事，則雖名為斷定，而實同於讒謗，其流毒尤甚。故吾人於論事之時，務周詳審慎，以無蹈輕率之弊，而於所憎之人，尤不可不慎之又慎也。

夫人必有是非之心，且坐視邪曲之事，默而不言，

亦或為人情所難堪。惟是有意訐發，或為過情之毀，則於意何居。古人稱守口如瓶，其言雖未必當，而亦非無見。若乃奸宄之行，有害於社會，則又不能不盡力攻斥，以去社會之公敵，是亦吾人對於社會之本務，而不可與損人名譽之事，同年而語者也。

提要

本節先述正義之重要，而博愛之道可致人類之幸福。博愛包括拯救與補助困境中人，華盛頓為一例。看護傳染病亦為博愛之舉，然亦當衡輕重始為。

推己及人是發於友愛族類之本心，但偽善沽名，甚至市恩，則是害德，同時亦需避免所施之人倚賴心助長之虞。

人與人之關係，以及人們與公益之關係密切。隨份應器，各圖公益，博愛事業興旺，可見社會文明程度之盛。

借公益以沽名與實行公益者大相懸殊。

即如愛護公共之物乃維護公益之舉，歐美之人尤崇重公共事物。

博愛者，人生至高之道德，而與正義有正負之別者也。行正義者，能使人免於為惡，而導人以善，則非博愛者不能。

有人於此，不干國法，不悖公義，於人間生命財產

名譽之本務，悉無所歉，可謂能行正義矣。然道有餓殍而不知恤，門有孤兒而不知救，遂得為善人乎？

博愛者，施而不望報，利物而不暇己謀者也。凡動物之中，能歷久而綿其種者，率恃有同類相恤之天性。人為萬物之靈，苟僅斤斤於施報之間，而不恤其類，不亦自喪其天性，而有愧於禽獸乎？

人之於人，不能無親疏之別，而博愛之道，亦即以是為序。不愛其親，安能愛人之親，不愛其國人，安能愛異國之人，如曰有之，非矯則悖，智者所不信也。孟子曰：「老吾老以及人之老，幼吾幼以及人之幼。」又曰：「親親而仁民，仁民而愛物。」此博愛之道也。

人人有博愛之心，則觀於其家，而父子親，兄弟睦，夫婦和；觀於其社會，無攘奪，無忿爭，貧富不相蔑，貴賤不相凌，老幼廢疾，皆有所養，藹然有恩，秩然有序，熙熙皞皞，如登春台，豈非人類之幸福乎！

博愛者，以己所欲，施之於人。是故見人之疾病則拯之，見人之危難則救之，見人之困窮則補助之。何則？人苟自立於疾病危難困窮之境，則未有不望人之拯救之而補助之者也。

赤子臨井，人未有見之而不動其惻隱之心者。人類相愛之天性，固如是也。見人之危難而不之救，必非人情。日汩於利己之計較，以養成涼薄之習，則或忍而為

此耳。夫人苟不能挺身以赴人之急，則又安望其能殉社會、殉國家乎？華盛頓嘗投身奔湍，以救瀕死之孺子，其異日能犧牲其身，以為十三州之同胞，脫英國之軛，而建獨立之國者，要亦由有此心耳。夫處死生一髮之間，而能臨機立斷，固由其愛情之摯，而亦必有毅力以達之，此則有賴於平日涵養之功者也。

救人疾病，雖不必有挺身赴難之危險，而於傳染之病，為之看護，則直與殉之以身無異，非有至高之道德心者，不能為之。苟其人之地位，與國家社會有重大之關係，又或有侍奉父母之責，而輕以身試，亦為非宜，此則所當衡其輕重者也。

濟人以財，不必較其數之多寡，而其情至為可嘉，受之者尤不可不感佩之。蓋損己所餘以周人之不足，是誠能推己及人，而發於其友愛族類之本心者也。慈善之所以可貴，即在於此。若乃本無博愛之心，而徒仿一二慈善之跡，以博虛名，則所施雖多，而其價值，乃不如少許之出於至誠者。且其偽善沽名，適以害德，而受施之人，亦安能歷久不忘耶？

博愛者之慈善，惟慮其力之不周，而人之感我與否，初非所計。即使人不感我，其是非固屬於其人，而於我之行善，曾何傷焉？若乃怒人之忘德，而遽徹其慈善，是吾之慈善，專為市恩而設，豈博愛者之所為乎？

惟受人之恩而忘之者，其為不德，尤易見耳。

博愛者，非徒曰吾行慈善而已。其所以行之者，亦不可以無法。蓋愛人以德，當為圖永久之福利，而非使逞快一時，若不審其相需之故，而漫焉施之，受者或隨得隨費，不知節制，則吾之所施，於人奚益？也固有習於荒怠之人，不務自立，而以仰給於人為得計，吾苟墮其術中，則適以助長其倚賴心，而使永無自振之一日，愛之而適以害之，是不可不致意焉。

夫如是，則博愛之為美德，誠彰彰矣。然非擴而充之，以開世務，興公益，則吾人對於社會之本務，猶不能無遺憾。何則？吾人處於社會，則與社會中之人人，皆有關係，而社會中人人與公益之關係，雖不必如疾病患難者待救之孔亟，而要其為相需則一也。吾但見疾病患難之待救，而不顧人人所需之公益，毋乃持其偏而忘其全，得其小而遺其大者乎？

夫人才力不同，職務尤異，合全社會之人，而求其立同一之功業，勢必不能。然而隨份應器，各圖公益，則何不可有之。農工商賈，任利用厚生之務；學士大夫，存移風易俗之心，苟其有裨於社會，則其事雖殊，其效一也。人生有涯，局局身家之間，而於世無補，暨其沒也。貧富智愚，同歸於盡。惟夫建立功業，有裨於社會，則身沒而功業不與之俱盡，始不為虛生人世，而一生所

受於社會之福利，亦庶幾無忝矣。所謂公益者，非必以目前之功利為準也。如文學美術，其成效常若無跡象之可尋，然所以拓國民之智識，而高尚其品性者，必由於是。是以天才英絕之士，宜超然功利以外，而一以發揚國華為志，不蹈前人陳跡，不拾外人糟粕，抒其性靈，以摩盪社會，如明星之粲於長夜，美花之映於座隅，則無形之中，社會實受其賜。有如一國富強，甲於天下，而其文藝學術，一無可以表見，則千載而後，誰復知其名者？而古昔既墟之國，以文學美術之力，垂名百世，迄今不朽者，往往而有，此豈可忽視者歟？

不惟此也，即社會至顯之事，亦不宜安近功而忘遠慮，常宜規模遠大，以遺餉後人，否則社會之進步，不可得而期也。是故有為之士，所規劃者，其事固或非一手一足之烈，而其利亦能歷久而不渝，此則人生最大之博愛也。

量力捐財，以助公益，此人之所能為，而後世子孫，與享其利，較之飲食徵逐之費，一呴而盡者，其價值何如乎？例如修河渠，繕堤防，築港埠，開道路，拓荒蕪，設醫院，建學校皆是。而其中以建學校為最有益於社會之文明。又如私設圖書館，縱人觀覽，其效亦同。其他若設育嬰堂、養老院等，亦為博愛事業之高尚者，社會文明之程度，即於此等公益之盛衰而測之矣。

圖公益者，又有極宜注意之事，即慎勿以公益之名，興無用之事是也。好事之流，往往為美名所眩，不審其利害何若，倉卒舉事，動輒蹉跌，則又去而之他。若是者，不特自損，且足為利己者所借口，而以沮喪向善者之心，此不可不慎之於始者也。

　　又有借公益以沽名者，則其跡雖有時與實行公益者無異，而其心迥別，或且不免有倒行逆施之事。何則？其目的在名。則苟可以得名也，而他非所計，雖其事似益而實損，猶將為之。實行公益者則不然，其目的在公益。苟其有益於社會也，雖或受無識者之謗議，而亦不為之阻。此則兩者心術之不同，而其成績亦大相懸殊矣。

　　人既知公益之當興，則社會公共之事物，不可不鄭重而愛護之。凡人於公共之物，關係較疏，則有漫不經意者，損傷破毀，視為常事，此亦公德淺薄之一端也。夫人既知他人之財物不可以侵，而不悟社會公共之物，更為貴重者，何歟？且人既知毀人之物，無論大小，皆有賠償之責，今公然毀損社會公共之物，而不任其賠償者，何歟？如學堂諸生，每有抹壁唾地之事，而公共花卉，道路蔭木，經行者或無端而攀折之，至於青年子弟，詣神廟佛寺，又或倒燈覆凳，自以為快，此皆無賴之事，而有悖於公德者也。歐美各國，人人崇重公共事物，習以為俗，損傷破毀之事，始不可見，公園椅榻之屬，間

以公共愛護之言，書於其背，此誠一種之美風，而我國人所當奉為圭臬者也。國民公德之程度，視其對於公共事物如何。一木一石之微，於社會利害，雖若無大關係，而足以表見國民公德之淺深，則其關係，亦不可謂小矣。

◑ 第六節 **禮讓及威儀**

> **提要**
>
> 　　本節先說明何謂禮讓，禮可以保秩序，禮本於習
> 慣，且以愛敬為本。而於外國交際之禮宜致意。
> 　　繼述何謂謙讓，人有思想、信仰自由，故待人需
> 溫良謙恭，薄責於人。社會之禮讓，即威儀，感情相
> 應為威儀之表現。

　　凡事皆有公理，而社會行習之間，必不能事事以公
理繩之。苟一切繩之以理，而寸步不以讓人，則不勝衝
突之弊，而人人無幸福之可言矣。且人常不免為感情所
左右，自非豁達大度之人，於他人之言行，不慊吾意，
則輒引似是而非之理以糾彈之，衝突之弊，多起於此。
於是乎有禮讓以為之調合，而彼此之感情，始不至於衝
突焉。

　　人之有禮讓，其猶車轄之脂乎，能使人交際圓滑，
在溫情和氣之間，以完其交際之本意。欲保維社會之平
和，而增進其幸福，殆不可一日無者也。

　　禮者，因人之親疏等差，而以保其秩序者也。其要

在不傷彼我之感情，而互表其相愛相敬之誠，或有以是為虛文者，謬也。

禮之本始，由人人有互相愛敬之誠，而自發於容貌。蓋人情本不相遠，而其生活之狀態，大略相同，則其感情之發乎外而為拜揖送迎之儀節，亦自不得不同，因襲既久，成為慣例，此自然之理也。故一國之禮，本於先民千百年之習慣，不宜輕以私意刪改之。蓋崇重一國之習慣，即所以崇重一國之秩序也。

夫禮，既本乎感情而發為儀節，則其儀節，必為感情之所發見，而後謂之禮。否則意所不屬，而徒拘牽於形式之間，是芻狗耳。儀節愈繁，而心情愈鄙，自非徇浮華好諂諛之人，又孰能受而不斥者。故禮以愛敬為本。

愛敬之情，人類所同也，而其儀節，則隨其社會中生活之狀態，而不能無異同。近時國際公私之交，大擴於古昔，交際之儀節，有不可以拘墟者。故中流以上之人，於外國交際之禮，亦不可不致意焉。

讓之為用，與禮略同。使人互不相讓，則日常言論，即生意見，親舊交際，動輒齟齬。故敬愛他人者，不務立異，不炫所長，務以成人之美。蓋自異自眩，何益於己，徒足以取厭啟爭耳。虛心平氣，好察邇言，取其善而不翹其過，此則謙讓之美德，而交際之要道也。

排斥他人之思想與信仰，亦不讓之一也。精神界之

科學，尚非人智所能獨斷，人我所見不同，未必我果是而人果非，此文明國憲法，所以有思想自由、信仰自由之則也。苟當討論學術之時，是非之間，不能異立，又或於履行實事之際，利害之點，所見相反，則誠不能不各以所見，互相駁詰，必得其是非之所在而後已。然亦宜平心以求學理事理之關係，而不得參以好勝立異之私意。至於日常交際，則他人言說雖與己意不合，何所容其攻詰，如其為之，亦徒彼此忿爭，各無所得已耳。溫良謙恭，薄責於人，此不可不注意者。至於宗教之信仰，自其人觀之，一則為生活之標準，一則為道德之理想，吾人決不可以輕侮嘲弄之態，侵犯其自由也。由是觀之，禮讓者，皆所以持交際之秩序，而免其齟齬者也。然人固非特各人之交際而已，於社會全體，亦不可無儀節以相應，則所謂威儀也。

威儀者，對於社會之禮讓也。人嘗有於親故之間，不失禮讓，而對於社會，不免有粗野傲慢之失者，是亦不思故耳。同處一社會中，則其人雖有親疏之別，而要必互有關係，苟人人自親故以外，即復任意自肆，不顧取厭，則社會之愛力，為之減殺矣。有如垢衣被髮，呼號道路，其人雖若自由，而使觀之者不勝其厭忌，可謂之不得罪於社會乎？凡社會事物，各有其習慣之典例，雖違者無禁，犯者無罰，而使見而不快，聞而不慊，則

其為損於人生之幸福者為何如耶！古人有言，滿堂飲酒，有一人向隅而泣，則舉座為之不歡，言感情之相應也。乃或於置酒高會之時，白眼加人，夜郎自大，甚或罵座擲杯，凌侮儕輩，則豈非蠻野之遺風，而不知禮讓為何物歟？歐美諸國士夫，於宴會中，不談政治，不說宗教，以其易啟爭端，妨人歡笑，此亦美風也。

凡人見邀赴會，必預審其性質如何，而務不失其相應之儀表。如會葬之際，談笑自如，是為幸人之災，無禮已甚，凡類此者，皆不可不致意也。

第四章

國　家

● 第一節　**總論**

> **提要**
>
> 　　本節先述國家，國為家之大者，國民各顧其私則有害，權利與義務二者相因，享權利必須盡義務。
>
> 　　權利無差等，而公權為國家所以成立之本。人有自衛權，亦有其限制。國家以權力而成立，欲國家安全，需鞏固國家之權力。

　　國也者，非徒有土地有人民之謂，謂以獨立全能之主權，而統治其居於同一土地之人民者也。又謂之國家者，則以視一國如一家之故。是故國也者，吾人感覺中有形之名，而國家者，吾人理想中無形之名也。

　　國為一家之大者，國人猶家人也。於多數國人之

中而有代表主權之元首，猶於若干家人之中而有代表其主權之家主也。家主有統治之權，以保護家人之權利，而使之各盡其本務。國家亦然，元首率百官以統治人民，亦所以保護國民之權利，而使各盡其本務，以報效於國家也。使一家之人，不奉其家主之命，而棄其本務，則一家離散，而家族均被其禍。一國之民，各顧其私，而不知奉公，則一國擾亂，而人民亦不能安其堵焉。

凡有權利，則必有與之相當之義務；而有義務，則亦必有與之相當之權利。二者相因，不可偏廢。我有行一事保一物之權利，則彼即有不得妨我一事奪我一物之義務，此國家與私人之所同也。是故國家既有保護人之義務，則必有可以行其義務之權利；而人民既有享受國家保護之權利，則其對於國家，必有當盡之義務，蓋可知也。

人之權利，本無等差，以其大綱言之，如生活之權利，職業之權利，財產之權利，思想之權利，非人人所同有乎？我有此權利，而人或侵之，則我得而抵抗之，若不得已，則借國家之權力以防遏之，是謂人人所有之權利，而國家所宜引為義務者也。國家對於此事之權利，謂之公權，即國家所以成立之本。請詳言之。

權漫無制限，則流弊甚大。如二人意見不合，不必

相妨也，而或且以權利被侵為口實。由此例推，則使人人得濫用其自衛權，而不受公權之限制，則無謂之爭鬭，將日增一日矣。

於是乎有國家之公權，以代各人之自衛權，而人人不必自危，亦不得自肆，公平正直，各得其所焉。夫國家既有為人防衛之權利，則即有防衛眾人之義務，義務愈大，則權利亦愈大。故曰：國家之所以成立者，權力也。

國家既以權力而成立，則欲安全其國家者，不可不鞏固其國家之權力，而慎勿毀損之，此即人民對於國家之本務也。

提要

　　本節述遵守法律之本務，無法律則國家亡，故國民需恪守法律。假使法律不允當，仍須遵守，因法弊尚勝於無法。

　　法律可大別為政法、刑法、民法，國民遵法律須敬官吏，亦須敬元首。

　　吾人對於國家之本務，以遵法律為第一義。何則？法律者，維持國家之大綱，吾人必由此而始能保有其權利者也。人之意志，恆不免為感情所動，為私慾所誘，以致有損人利己之舉動。所以矯其偏私而納諸中正，使人人得保其平等之權利者，法律也；無論公私之際，有以防強暴折奸邪，使不得不服從正義者，法律也；維持一國之獨立，保全一國之利福者，亦法律也。是故國而無法律，或有之而國民不之遵也，則盜賊橫行，奸邪跋扈，國家之淪亡，可立而待。否則法律修明，國民恪遵而勿失，則社會之秩序，由之而不紊，人民之事業，由之而無擾，人人得盡其心力，以從事於職業，而安享其效果，是皆法律之賜；而要非國民恪遵法律，不足以致此也。顧世人知法律之當遵

矣，而又謂法律不皆允當，不妨以意為從違，是徒啟不遵法律之端者也。夫一國之法律，本不能悉中情理，或由議法之人，知識淺隘，或以政黨之故，意見偏頗，亦有立法之初，適合社會情勢，歷久則社會之情勢漸變，而法律如故，因不能無方鑿圓枘之弊，此皆國家所不能免者也。既有此弊法，則政府固當速圖改革，而人民亦得以其所見要求政府，使必改革而後已。惟其新法未定之期，則不能不暫據舊法，以維持目前之治安。何則？其法雖弊，尚勝於無法也。若無端抉而去之，則其弊可勝言乎？

法律之別頗多，而大別之為三，政法、刑法、民法是也。政法者，所以規定政府之體裁，及政府與人民之關係者也。刑法者，所以預防政府及人民權利之障害，及罰其違犯者也。民法者，所以規定人民與人民之關係，防將來之爭端，而又判臨時之曲直者也。

官吏者，據法治事之人。國民既遵法律，則務勿撓執法者之權而且敬之。非敬其人，敬執法之權也。且法律者，國家之法律，官吏執法，有代表國家之任，吾人又以愛重國家之故而敬官吏也。官吏非有學術才能者不能任，學士能人，人知敬之，而官吏獨不足敬乎？

官吏之長，是為元首。立憲之國，或戴君主，或舉總統，而要其為官吏之長一也。既知官吏之當敬，而國民之當敬元首，無待煩言，此亦尊重法律之意也。

第三節　租稅

提要

　　本節述國民納稅之義務，國家應有經費，故租稅不可倖免。

　　家無財產，則不能保護其子女，惟國亦然。苟無財產，亦不能保護其人民。蓋國家內備奸宄，外禦敵國，不能不有水陸軍，及其應用之艦壘器械及糧餉；國家執行法律，不能不有法院監獄；國家圖全國人民之幸福，不能不修道路，開溝渠，設燈台，啟公囿，立學堂，建醫院，及經營一切公益之事。凡此諸事，無不有任事之人。而任事者不能不給以祿俸。然則國家應出之經費，其浩大可想也，而擔任此費者，厥維享有國家各種利益之人民，此人民所以有納租稅之義務也。

　　人民之當納租稅，人人知之，而間有苟求倖免者，營業則匿其歲入，不以實報，運貨則繞越關津，希圖漏稅，其他舞弊營私，大率類此。是上則虧損國家，而自荒其義務；下則卸其責任之一部，以分擔於他人。故以國民之本務繩之，謂之無愛國心，而以私人之道德繩之，亦不免於欺罔之罪矣。

第四節　兵役

提要

　　本節述國民服兵役之義務，國家之安全與兵力有密切關係。

　　國民不可不服兵役，方今世界亦不可無兵。

　　國家者，非一人之國家，全國人民所集合而成者也。國家有慶，全國之人共享之，則國家有急，全國之人亦必與救之。國家之有兵役，所以備不虞之急者也。是以國民之當服兵役，與納租稅同，非迫於法律不得已而為之，實國民之義務，不能自己者也。

　　國之有兵，猶家之有閽人焉。其有城堡戰堡也，猶家之有門牆焉。家無門牆，無閽人，則盜賊接踵，家人不得高枕無憂。國而無城堡戰艦，無守兵，則外侮四逼，國民亦何以聊生耶？且方今之世，交通利便，吾國之人，工商於海外者，實繁有徒。自非祖國海軍，遊弋重洋，則夫遠遊數萬里外，與五方雜處之民，角什一之利者，亦安能不受凌侮哉？國家之兵力，所關於互市之利者，亦非鮮矣。

　　國家兵力之關係如此，亦夫人而知之矣。然人情

畏勞而惡死，一旦別父母，棄妻子，捨其本業而從事於
壘艦之中，平日起居服食，一為軍紀所束縛，而不得自
由，即有事變，則挺身彈刃之中，爭死生於一瞬，故往
往有卻顧而不前者。不知全國之人，苟人人以服兵役為
畏途，則轉瞬國亡家破，求幸生而卒不可得。如人人委
身於兵役，則不必果以戰死，而國家強盛，人民全被其
賜。此不待智者而可決，而人民又烏得不以服兵役為義
務歟？

　　方今世界，各國無不以擴張軍備為第一義。雖有萬
國公法以為列國交際之準，又屢開萬國平和會於海牙，
若各以啟釁為戒者，而實則包藏禍心，恆思蹈瑕抵隙，
以求一逞，名為平和，而實則亂世。一旦猝遇事變，如
颶風忽作，波濤洶湧，其勢有不可測者。然則有國家者，
安得不預為之所耶？

第五節 **教育**

提要

　　本節言父母有教育子女之本務，使之壯而自立、賢而有才。

　　教育與國家之關係密切，國民教育為普通教育之準。

　　為父母者，以體育、德育、智育種種之法，教育其子女，有二因焉：一則使之壯而自立，無墜其先業；一則使之賢而有才，效用於國家。前者為尋常父母之本務，後者則對於國家之本務也。誠使教子女者，能使其體魄足以堪勞苦，勤職業，其知識足以判事理，其技能足以資生活，其德行足以為國家之良民，則非特善為其子女，而且對於國家，亦無歉於義務矣。夫人類循自然之理法，相集合而為社會，為國家，自非智德齊等，殆不足以相生相養，而保其生命，享其福利。然則有子女者，烏得怠其本務歟？

　　一國之中，人民之賢愚勤惰，與其國運有至大之關係。故欲保持其國運者，不可不以國民教育，施於其子

弟。苟或以姑息為愛，養成放縱之習，即不然，而僅以利己主義教育之，則皆不免貽國家以泮渙之戚，而全國之人，交受其弊，其子弟亦烏能倖免乎？蓋各國風俗習慣歷史政制，各不相同，則教育之法，不得不異。所謂國民教育者，原本祖國體制，又審察國民固有之性質，而參互以制定之。其制定之權，即在國家，所以免教育主義之衝突，而造就全國人民，使皆有國民之資格者也。是以專門之教育，雖不妨人人各從其所好，而普通教育，則不可不以國民教育為準，有子女者慎之。

第六節 愛國

提要

本節先提出愛戀土地為愛國之濫觴。

愛國心關係着國運，而愛國心亦為國家之元氣。

人民之愛國心恆隨國運為盛衰。

愛國心者，起於人民與國土之感情，猶家人之愛其居室田產也。行國之民，逐水草而徙，無定居之地，則無所謂愛國。及其土著也，劃封疆，闢草萊，耕耘建築，盡瘁於斯，而後有愛戀土地之心，是謂愛國之濫觴。至於土地漸廓，有城郭焉，有都邑焉，有政府百執事焉。自其法律典例之成立，風俗習慣之沿革，與夫語言文章之應用，皆劃然自成為一國，而又與他國相交涉，於是乎愛國之心，始為人民之義務矣。

人民愛國心之消長，為國運之消長所關。有國於此，其所以組織國家之具，雖莫不備，而國民之愛國心，獨無以副之，則一國之元氣，不可得而振興也。彼其國土同，民族同，言語同，習慣同，風俗同，非不足以使人民有休戚相關之感情；而且政府同，法律同，文獻傳

說同，亦非不足以使人民有協同從事之興會；然苟非有愛國心以為之中堅，則其民可與共安樂，而不可與共患難，事變猝起，不能保其之死而靡他也。故愛國之心，實為一國之命脈，有之，則一切國家之原質，皆可以陶冶於其爐錘之中；無之，則其餘皆駢枝也。

愛國之心，雖人人所固有，而因其性質之不同，不能無強弱多寡之差。既已視為義務，則人人以此自勉，而後能以其愛情實現於行事，且亦能一致其趣向，而無所參差也。

人民之愛國心，恆隨國運為盛衰。大抵一國當將盛之時，若垂亡之時，或際會大事之時，則國民之愛國心，恆較為發達。國之將興也，人人自奮，思以其國力冠絕世界，其勇往之氣，如日方升。昔羅馬暴盛之時，名將輩出，士卒致死，因而併吞四鄰，其己事也。國之將衰也，或其際會大事也，人人懼祖國之淪亡，激厲忠義，挺身赴難，以挽狂瀾於既倒，其悲壯沉痛亦有足偉者，如亞爾那溫克特里之於瑞士，哥修士孤之於波蘭是也。

由是觀之，愛國心者，本起於人民與國土相關之感情，而又為組織國家最要之原質，足以挽將衰之國運，而使之隆盛，實國民最大之義務，而不可不三致意者焉。

提要

　　本節先言國民當知外交，一國猶一人，人權不可侵，國家亦有自衞之權。

　　戰爭為不得已之事，作戰亦有一定之道德，戰時不可縱兵擄掠，否則與盜賊無異（蔡元培自用本手寫眉批：「應加入國民外交與國際間各種集會」）。國際道德日漸進步。

　　積人而成國，各國講求待遇人類之道，人我同享其利，與國家之本務無衝突，紅十字會即為例證。

　　大地之上，獨立之國，凡數十。彼我之間，聘問往來，亦自有當盡之本務。此雖外交當局者之任，而為國民者，亦不可不通知其大體也。

　　以道德言之，一國猶一人也，惟大小不同耳。國有主權，猶人之有心性。其有法律，猶人之有意志也。其維安寧，求福利，保有財產名譽，亦猶人權之不可侵焉。

　　國家既有不可侵之權利，則各國互相愛重，而莫或相侵，此為國際之本務。或其一國之權利，為他國所侵，

則得而抗拒之，亦猶私人之有正當防衛之權焉。惟其施行之術，與私人不同。私人之自衛，特在法律不及保護之時，苟非迫不及待，則不可不待正於國權。國家則不然，各國並峙，未嘗有最高之公權以控制之，雖有萬國公法，而亦無強迫執行之力。故一國之權利，苟被侵害，則自衛之外，別無他策，而所以實行自衛之道者，戰而已矣。

戰之理，雖起於正當自衛之權，而其權不受控制，國家得自由發斂之，故常為野心者之所濫用。大凌小，強侮弱，雖以今日盛唱國際道德之時，猶不能免。惟列國各盡其防衛之術，處攻勢者，未必有十全之勝算，則苟非必不得已之時，亦皆憚於先發。於是國際齟齬之端，間亦恃萬國公法之成文以公斷之，而得免於戰禍焉。

然使兩國之爭端，不能取平於樽俎之間，則不得不以戰役決之。開戰以後，苟有可以求勝者，皆將無所忌而為之，必屈敵人而後已。惟敵人既屈，則目的已達，而戰役亦於是畢焉。

開戰之時，於敵國兵士，或殺傷之，或俘囚之，以殺其戰鬥力，本為戰國應有之權利，惟其婦孺及平民之不攜兵器者，既不與戰役，即不得加以戮辱。敵國之城郭堡壘，固不免於破壞，而其他工程之無關戰役者，亦不得妄有毀損。或佔而有之，以為他日賠償之保證，則

可也。其在海戰，可以捕敵國船艦，而其權惟屬國家，若縱兵鹵掠，則與盜賊奚擇焉？

在昔人文未開之時，戰勝者往往焚敵國都市，掠其金帛子女，是謂借戰勝之餘威，以逞私慾，其戾於國際之道德甚矣。近世公法漸明，則戰勝者之權利，亦已漸有範圍，而不至復如昔日之橫暴，則亦道德進步之一徵也。

國家者，積人而成，使人人實踐道德，而無或悖焉，則國家亦必無非理悖德之舉可知也。方今國際道德，雖較進於往昔，而野蠻之遺風，時或不免，是亦由人類道德之未盡善，而不可不更求進步者也。

人類之聚處，雖區別為各家族，各社會，各國家，而離其各種區別之界限而言之，則彼此同為人類。故無論家族有親疏、社會有差等，國家有與國、敵國之不同，而既已同為人類，則又自有其互相待遇之本務可知也。

人類相待之本務如何？曰：無有害於人類全體之幸福，助其進步，使人我同享其利而已。夫篤於家族者，或不免漠然於社會，然而社會之本務，初不與家族之本務相妨。忠於社會者，或不免不經意於國家，然而國家之本務，乃適與社會之本務相成。然則愛國之士，屏斥世界主義者，其未知人類相待之本務，固未嘗與國家之本務相衝突也。

譬如兩國開戰，以互相殺傷為務者也，然而有紅十字會者，不問其傷者為何國之人，悉噢咻而撫循之，初未嘗與國家主義有背也。夫兩國開戰之時，人類相待之本務，尚不以是而間斷，則平日蓋可知矣。

第五章

職　業

◐　第一節　總論

> **提要**
>
> 　　本節指出人不可無職業，遊民為社會之公敵，即使有財產，亦有利用資財之道。
>
> 　　選擇職業不可不慎，職業無高下，襲父兄職業至為利便。職業可區分為勞心、勞力二類，也可區分為傭者、被傭者二類。

　　凡人不可以無職業，何則？無職業者，不足以自存也。人雖有先人遺產，苟優遊度日，不講所以保守維持之道，則亦不免於喪失者。且世變無常，千金之子，驟失其憑借者，所在多有，非素有職業，亦奚以免於凍餒乎？

有人於此，無材無藝，襲父祖之遺財，而安於怠廢，以道德言之，謂之遊民。遊民者，社會之公敵也。不惟此也，人之身體精神，不用之，則不特無由暢發，而且日即於耗廢，過逸之弊，足以戕其天年。為財產而自累，愚亦甚矣。既有此資財，則奚不利用之，以講求學術，或捐助國家，或興舉公益，或旅行遠近之地，或為人任奔走周旋之勞，凡此皆所以益人裨世，而又可以自練其身體及精神，以增進其智德；較之飽食終日，以多財自累者，其利害得失，不可同日而語矣。夫富者，為社會所不可少，即貨殖之道，亦不失為一種之職業，但能善理其財，而又能善用之以有裨於社會，則又孰能以無職業之人目之耶？

人不可無職業，而職業又不可無選擇。蓋人之性質，於素所不喜之事，雖勉強從事，輒不免事倍而功半；從其所好，則勞而不倦，往往極其造詣之精，而漸有所闡明。故選擇職業，必任各人之自由，而不可以他人干涉之。

自擇職業，亦不可以不慎，蓋人之於職業，不惟其趣向之合否而已，又於其各種憑借之資，大有關係。嘗有才識不出中庸，而終身自得其樂；或抱奇才異能，而以坎坷不遇終者；甚或意匠慘淡，發明器械，而絀於資

財，賫志以沒。世界蓋嘗有多許之奈端[4]、瓦特其人，而成功如奈端、瓦特者卒鮮，良可慨也。是以自擇職業者，慎勿輕率妄斷，必詳審職業之性質，與其義務，果與己之能力及境遇相當否乎，即不能輒決，則參稽於老成練達之人，其亦可也。

凡一職業中，莫不有特享榮譽之人，蓋職業無所謂高下，而榮譽之得否，仍關乎其人也。其人而賢，則雖屠釣之業，亦未嘗不可以顯名，惟擇其所宜而已矣。

承平之世，子弟襲父兄之業，至為利便，何則？幼而狎之，長而習之，耳濡目染，其理論方法，半已領會於無意之中也。且人之性情，有所謂遺傳者。自高、曾以來，歷代研究，其官能每有特別發達之點，而器械圖書，亦復積久益備，然則父子相承，較之崛起而立業，其難易遲速，不可同年而語。我國古昔，如曆算醫藥之學，率為世業，而近世音律圖畫之技，亦多此例，其明徵也。惟人之性質，不易揆以一例，重以外界各種之關係，亦非無齟齬於世業者，此則不妨別審所宜，而未可以膠柱而鼓瑟者也。

自昔區別職業，士、農、工、商四者，不免失之太

<hr />

4 奈端（Newton）：今譯牛頓。

簡，泰西學者，以計學之理區別之者，則又人自為說。今核之於道德，則不必問其業務之異同，而第以義務如何為標準，如勞心、勞力之分，其一例也。而以人類生計之關係言之，則可大別為二類：一出其資本以營業，而借勞力於人者；一出其能力以任事，而受酬報於人者。甲為傭者，乙為被傭者，二者義務各異，今先概論之，而後及專門職業之義務焉。

● 第二節 傭者及被傭者

> **提要**
>
> 　　本節先述傭者之本務，給工值之法，傭者宜保護被傭者，役使不可過酷。被傭者亦有本務，與傭者之間，為資財與勞力的交易，故被傭者不可怠惰放佚，休假日行樂宜慎擇。
>
> 　　傭值不宜要求過多，勞力與報酬相為比例。孟子曰：無恆產者無恆心；故被傭者需養恆心。農民有恆產，尤需教育及增進其智識，使不至永居人之下。

　　傭者以正當之資本，若智力，對於被傭者，而命以事務給以傭值者也，其本務如左：

　　凡給於被傭者之值，宜視普通工值之率而稍豐贍之，第不可以同盟罷工，或他種迫脅之故而驟豐其值。若平日無先見之明，過嗇其值，一遇事變，即不能固持，而悉如被傭者之所要求，則鮮有不出入懸殊，而自敗其業者。

　　傭者之於被傭者，不能謂值之外，別無本務，蓋尚有保護愛撫之責。雖被傭者未嘗要求及此，而傭者要不

可以不自盡也。如被傭者當勞作之時，猝有疾病事故，務宜用意周恤。其他若教育子女，保全財產，激厲貯蓄之法，亦宜代為謀之。惟當行以誠懇惻怛之意，而不可過於干涉，蓋干涉太過，則被傭者不免自放其責任，而失其品格也。

傭者之役使被傭者，其時刻及程度，皆當有制限，而不可失之過酷，其在婦稚，尤宜善視之。

凡被傭者，大抵以貧困故，受教育較淺，故往往少遠慮，而不以貯蓄為意。業繁而值裕，則濫費無節；業耗而傭儉，則口腹不給矣。故傭者宜審其情形，為設立保險公司，貯蓄銀行，或其他慈善事業，為割其傭值之一部以充之，俾得備不時之需。如見有博弈飲酒，耽逸樂而害身體者，宜懇切勸諭之。

凡被傭者之本務，適與傭者之本務相對待。

被傭者之於傭者，宜摯實勤勉，不可存嫉妒猜疑之心。蓋彼以有資本之故，而購吾勞力，吾能以操作之故，而取彼資財，此亦社會分業之通例，而自有兩利之道者也。

被傭者之操作，不特為對於傭者之義務，而亦為自己之利益。蓋怠惰放佚，不惟不利於傭者，而於己亦何利焉？故摯實勤勉，實為被傭者至切之本務也。

休假之日，自有樂事，然亦宜擇其無損者。如沉湎

放蕩，務宜戒之。若能乘此暇日，為親戚朋友協助有益之事，則尤善矣。

凡人之職業，本無高下貴賤之別。高下貴賤，在人之品格，而於職業無關也。被傭者苟能以暇日研究學理，尋覽報章雜誌之屬，以通曉時事，或聽絲竹，觀圖畫，植花木，以優美其胸襟，又何患品格之不高尚耶？

傭值之多寡，恆視其製作品之售價以為準。自被傭者觀之，自必多多益善，然亦不能不準之於定率者。若要求過多，甚至糾結朋黨，挾眾力以脅主人，則亦謬矣。

有欲定劃一之傭值者，有欲專以時間之長短，為傭值多寡之準者，是亦謬見也。蓋被傭者，技能有高下，操作有勤惰，責任有重輕，其傭值本不可以齊等，要在以勞力與報酬，相為比例，否則適足以勸惰慢耳。惟被傭者，或以疾病事故，不能執役，而傭者仍給以平日之值，與他傭同，此則特別之惠，而未可視為常例者也。

孟子有言，無恆產者無恆心。此實被傭者之通病也。性無恆心，故動輒被人指嗾，而為疏忽暴戾之舉。其思想本不免偏於同業利益，而忘他人之休戚，又常以濫費無節之故，而流於困乏，則一旦紛起，雖同業之利益，亦有所不顧矣。此皆無恆心之咎，而其因半由於無恆產，故為被傭者圖久長之計，非平日積恆產而養恆心不可也。

農夫最重地產，故安土重遷，而能致意於鄉黨之利害，其摯實過於工人。惟其有恆產，是以有恆心也。顧其見聞不出鄉黨之外，而風俗習慣，又以保守先例為主，往往知有物質，而不知有精神，謀衣食，長子孫，囿於目前之小利，而不遑遠慮。即子女教育，亦多不經意，更何有於社會公益、國家大計耶？故啟發農民，在使知教育之要，與夫各種社會互相維繫之道也。

我國社會間，貧富懸隔之度，尚不至如歐美各國之甚，故均富主義，尚無蔓延之慮。然世運日開，智愚貧富之差，亦隨而日異，智者富者日益富，愚者貧者日益貧，其究也，必不免於懸隔，而彼此之衝突起矣。及今日而預杜其弊，惟在教育農工，增進其智識，使不至永居人下而已。

提要

　　本節先言官吏之本務，提出官吏不勤不精之咎。

　　官吏負對於公眾之責任，其操守最重者為毋黷貨、勿徇私。

　　如司法官等官吏之本務在於需有專門知識、公平中正、寬嚴得中，且戒輕忽。

　　備者及被備者之關係，為普通職業之所同。今更將專門職業，舉其尤重要者論之。

　　官吏者，執行法律者也。其當具普通之智識，而熟於法律之條文，所不待言，其於職務上所專司之法律，尤當通其原理，庶足以應蕃變之事務，而無失機宜也。

　　為官吏者，既具職務上應用之學識，而其才又足以濟之，宜可稱其職矣。而事或不舉，則不勤不精之咎也。夫職務過繁，未嘗無日不暇給之苦，然使日力有餘，而怠惰以曠其職，則安得不任其咎？其或貌為勤劬，而治事不循條理，則顧此失彼，亦且勞而無功。故勤與精，實官吏之義務也。世界各種職業，雖半為自圖生計，而

既任其職，則即有對於委任者之義務。況官吏之職，受之國家，其義務之重，有甚於工場商肆者。其職務雖亦有大小輕重之別，而其對於公眾之責任則同。夫安得漫不經意，而以不勤不精者當之耶？

　　勤也精也，皆所以有為也。然或有為而無守，則亦不足以任官吏。官吏之操守，所最重者，曰毋黷貨，曰勿徇私。官吏各有常俸，在文明之國，所定月俸，足以給其家庭交際之費而有餘，苟其貪黷無厭，或欲有以供無謂之糜費，而於應得俸給以外，或徵求賄賂，或侵蝕公款，則即為公家之罪人，雖任事有功，亦無以自蓋其愆矣。至於理財徵稅之官，尤以此為第一義也。

　　官吏之職，公眾之職也，官吏當任事之時，宜棄置其私人之資格，而純以職務上之資格自處。故用人行政，悉不得參以私心，夫徵辟僚屬，誠不能不取資於所識，然所謂所識者，乃識其才之可以勝任，而非交契之謂也。若不問其才，而惟以平日關係之疏密為斷，則必致僨事。又或以所治之事，與其戚族朋友有利害之關係，因而上下其手者，是皆徇私廢公之舉，官吏宜懸為厲禁者也。

　　官吏之職務，如此重要，而司法官之關係則尤大。何也？國家之法律，關於人與人之爭訟者，曰民事法；關於生命財產之罪之刑罰者，曰刑事法。而本此法律以

為裁判者，司法官也。

凡職業各有其專門之知識，為任此職業者所不可少，而其中如醫生之於生理學，舟師之於航海術，司法官之於法律學，則較之他種職業，義務尤重，以其關於人間生命之權利也。使司法官不審法律精意，而妄斷曲直，則貽害於人間之生命權至大。故任此者，既當有預蓄之知識；而任職以後，亦當以暇日孜孜講求之。

司法官介立兩造間，當公平中正，勿徇私情，勿避權貴，蓋法庭之上，本無貴賤上下之別也。若乃妄納賕贓，顛倒是非，則其罪尤大，不待言矣。

寬嚴得中，亦司法者之要務。凡刑事裁判，苟非糾紛錯雜之案，按律擬罪，殆若不難，然寬嚴之際，差別毫釐，謬以千里，亦不可以不慎。至於民事裁判，尤易以意為出入，慎勿輕心更易之。

大抵司法官之失職，不盡在學識之不足，而恆失之於輕忽，如集證不完，輕下斷語者是也。又或證據盡得，而思想不足以澈之，則狡妄之供詞，舞文之辯護，偽造之憑證，皆足以眩惑其心，而使之顛倒其曲直。故任此者，不特預儲學識之為要，而尤當養其清明之心力也。

提要

　　本節先言醫生之本務，需為病人守秘密外，尚需有冒險精神、懇切的態度，且不可欺瞞病者。

　　各種職業均務強健其身體，以任其職。

　　醫者，關於人間生死之職業也，其需專門之知識，視他職業為重。苟其於生理解剖，疾病證候，藥物性效，研究未精，而動輒為人診治，是何異於挾刃而殺人耶？

　　醫生對於病者，有守秘密之義務。蓋病之種類，亦或有憚人知之者，醫生若無端濫語於人，既足傷病者之感情，且使後來病者，不敢以秘事相告，亦足為診治之妨礙也。

　　醫生當有冒險之性質。如傳染病之類，雖在己亦有危及生命之虞，然不能避而不往，至於外科手術，尤非以沉勇果斷者行之不可也。

　　醫生之於病者，尤宜懇切，技術雖精，而不懇切，則不能有十全之功。蓋醫生不得病者之信用，則醫藥之力，已失其半，而治精神病者，尤以信用為根據也。

醫生當規定病者飲食起居之節度，而使之恪守，若縱其自肆，是適以減殺醫藥之力也。故醫生當勿欺病者，而務有以鼓勵之，如其病勢危篤，則尤不可不使自知之而自慎之也。

　　無論何種職業，皆當以康強之身體任之，而醫生為尤甚。遇有危急之病，祁寒盛暑，微夜侵晨，亦皆有所不避。故務強健其身體，始有以赴人之急，而無所濡滯。如其不能，則不如不任其職也。

提要

　　本節先言教員之本務，教員需富知識，諳教授管理。

　　教員為學生之模範，宜以其身為學生之律度。

　　教員所授，有專門學、普通學之別，皆不可無相當之學識。而普通學教員，於教授學科以外，訓練管理之術，尤重要焉。不知教育之學，管理之法，而妄任小學教員，則學生之身心，受其戕賊，而他日必貽害於社會及國家，其罪蓋甚於庸醫之殺人。願任教員者，不可不自量焉。

　　教員者，啟學生之知識者也。使教員之知識，本不豐富，則不特講授之際，不能詳密，而學生偶有質問，不免窮於置對，啟學生輕視教員之心，而教授之效，為之大減。故為教員者，於其所任之教科，必詳博綜貫，肆應不窮，而後能勝其任也。

　　知識富矣，而不諳教授管理之術，則猶之匣劍帷燈，不能展其長也。蓋授知識於學生者，非若水之於盂，

可以挹而注之，必導其領會之機，挈其研究之力，而後能與之俱化，此非精於教授法者不能也。學生有勤惰靜躁之別，策其惰者，抑其躁者，使人人皆專意向學，而無互相擾亂之慮，又非精於管理法者不能也。故教員又不可不知教授管理之法。

　　教員者，學生之模範也。故教員宜實行道德，以其身為學生之律度，如衛生宜謹，束身宜嚴，執事宜敏，斷曲直宜公，接人宜和，懲忿而窒慾，去鄙倍而遠暴慢，則學生日熏其德，其收效勝於口舌倍蓰矣。

> **提要**
>
> 　　本節先言商賈之本務，且有其職業中之責任。
>
> 　　商賈所需之道德，包括正直、信用，信用一失，即受損無窮，英國商人之正直已為習俗。

　　商賈亦有傭者與被傭者之別。主人為傭者，而執事者為被傭者。被傭者之本務，與農工略同。而商業主人，則與農工業之傭者有異。蓋彼不徒有對於被傭者之關係，而又有其職業中之責任也。農家產物之美惡，自有市價，美者價昂，惡者價絀，無自而取巧。工業亦然，其所製作，有精粗之別，則價值亦緣之而為差，是皆無關於道德者也。惟商家之貨物，及其貿易之法，則不能不以道德繩之，請言其略。

　　正直為百行之本，而於商家為尤甚。如貨物之與標本，理宜一致，乃或優劣懸殊，甚且性質全異，乘購者一時之不檢，而矯飾以欺之，是則道德界之罪人也。

　　且商賈作偽，不特悖於道德而已，抑亦不審利害，蓋目前雖可攫錙銖之利，而信用一失，其因此而受損者

無窮。如英人以商業為立國之本，坐握宇內商權，雖由其勇於赴利，敏於乘機，具商界特宜之性質，而要其恪守商業道德，有高尚之風，少鄙劣之情，實為得世界信用之基本焉。蓋英國商人之正直，習以成俗，雖宗教亦與有力，而要亦閱歷所得，知非正直必不足以自立，故深信而篤守之也。索士比亞[5]有言：「正直者，上乘之策略。」豈不然乎？

5　索士比亞（Shakespeare）：今譯莎士比亞。

第 一 章

緒　論

提要

　　本節先述理論倫理學與實踐倫理學之關係，猶生
理學之於衛生學。

　　理論倫理學與自然科學亦有同異之處，並大綱列
出理論倫理學之學理。

　　人生當盡之本務，既於上篇分別言之，是皆屬於實
踐倫理學之範圍者也。今進而推言其本務所由起之理，
則為理論之倫理學。

　　理論倫理學之於實踐倫理學，猶生理學之於衛生學
也。本生理學之原則而應用之，以圖身體之健康，乃有
衛生學；本理論倫理學所闡明之原理而應用之，以為行
事之軌範，乃有實踐倫理學。世亦有應用之學，當名之

為術者，循其例，則惟理論之倫理學，始可以佔倫理之名也。

理論倫理學之性質，與理化博物等自然科學，頗有同異。以其人心之成跡或現象為對象，而闡明其因果關係之理，與自然科學同。其闡定標準，而據以評判各人之行事，畀以善惡是非之名，則非自然科學之所具矣。

原理論倫理學之所由起，以人之行為，常不免有種種之疑問，而按據學理以答之，其大綱如左：

問：凡人無不有本務之觀念，如所謂某事當為者，是何由而起歟？

答：人之有本務之觀念也，由其有良心。

問：良心者，能命人以某事當為，某事不當為者歟？

答：良心者，命人以當為善而不當為惡。

問：何為善，何為惡？

答：合於人之行為之理想，而近於人生之鵠者為善，否則為惡。

問：何謂人之行為之理想？何謂人生之鵠？

答：自發展其人格，而使全社會隨之以發展者，人生之鵠也，即人之行為之理想也。

問：然則準理想而定行為之善惡者誰與？

答：良心也。

問：人之行為，必以責任隨之，何故？

答：以其意志之自由也。蓋人之意志作用，無論何種方向，固可以自由者也。

問：良心之所命，或從之，或悖之，其結果如何？

答：從良心之命者，良心讚美之；悖其命者，良心呵責之。

問：倫理之極致如何？

答：從良心之命，以實現理想而已。

倫理學之綱領，不外此等問題，當分別說之於後。

第二章

良心論

● 第一節 **行為**

> **提要**
>
> 本節指出良心之作用，欲明良心，先論行為。
>
> 動作與行為有別，行為之原質為意志。
>
> 法律與道德亦有別，道德的範圍較之法律為廣。

良心者，不特告人以善惡之別，且迫人以避惡而就善者也。行一善也，良心為之大快；行一不善也，則良心之呵責隨之。蓋其作用之見於行為者如此。故欲明良心，不可不先論行為。

世固有以人生動作一切謂之行為者，而倫理學之所謂行為，則其義頗有限制，即以意志作用為原質者也。苟不本於意志之作用，謂之動作，而不謂之行為，如呼

吸之屬是也。而其他特別動作，苟或緣於生理之變常，無意識而為之，或迫於強權者之命令，不得已而為之。凡失其意志自由選擇之權者，皆不足謂之行為也。

是故行為之原質，不在外現之舉動，而在其意志。意志之作用既起，則雖其動作未現於外，而未嘗不可以謂之行為，蓋定之以因，而非定之以果也。

法律之中，有論果而不求因者，如無意識之罪戾，不免處罰，而雖有惡意，苟未實行，則法吏不能過問是也。而道德則不然。有人於此，決意欲殺一人，其後阻於他故，卒不果殺。以法律繩之，不得謂之有罪，而繩以道德，則已與曾殺人者無異。是知道德之於法律，較有直內之性質，而其範圍亦較廣矣。

提要

　　本節先指出意志作用起於慾望，慾望名為動機，意志實現而為行為。

　　動機為行為之至要原質，行為之善惡，多判於動機。

　　行為之原質，既為意志作用，然則此意志作用，何由而起乎？曰：起於有所慾望。此慾望者，或為事物所惑，或為境遇所驅，各各不同，要必先有慾望，而意志之作用乃起。故慾望者，意志之所緣以動者也，因名之曰動機。

　　凡人欲得一物，欲行一事，則有其所欲之事物之觀念，是即所謂動機也。意志為此觀念所動，而決行之，乃始能見於行為，如學生閉戶自精，久而厭倦，則散策野外以振之，散策之觀念，是為動機。意志為其所動，而決意一行，已而攜杖出門，則意志實現而為行為矣。

　　夫行為之原質，既為意志作用，而意志作用，又起

於動機，則動機也者，誠行為中至要之原質歟。

　　動機為行為中至要之原質，故行為之善惡，多判於此。而或專以此為判決善惡之對象，則猶未備。何則？凡人之行為，其結果苟在意料之外，誠可以不任其責。否則其結果之利害，既可預料，則行之者，雖非其慾望之所指，而其咎亦不能辭也。有人於此，惡其友之放蕩無行，而欲有以勸阻之，此其動機之善者也。然或諫之不從，怒而毆之，以傷其友，此必非慾望之所在，然毆人必傷，既為彼之所能逆料，則不得因其動機之無惡，而並寬其毆人之罪也。是為判決善惡之準，則當於後章詳言之。

◐ 第三節 **良心之體用**

提要

　　本節先指出人心之作用可概括為智、情、意三者，而良心該有此三者。（蔡元培自用本手寫眉批：「應偏重意志而輔以情智」）。

　　良心起於特別之行為，亦有因他人之行為而起者。良心有無上之權力，亦每為妄念所阻。良心未發達則為惡。

　　良心發達與否，因人而異，關鍵在於智、情、意三者之並養。

　　人心之作用，蕃變無方，而得括之以智、情、意三者。然則良心之作用，將何屬乎？在昔學者，或以良心為智、情、意三者以外特別之作用，其說固不可通。有專屬之於智者，有專屬之於情者，有專屬之於意者，亦皆一偏之見也。以余觀之，良心者，該智、情、意而有之，而不囿於一者也。凡人欲行一事，必先判決其是非，此良心作用之屬於智者也。既判其是非矣，而後有當行不當行之決定，是良心作用之屬於意者也。於其未行之

先，善者愛之，否者惡之，既行之後，則樂之，否則悔之，此良心作用之屬於情者也。

由是觀之，良心作用，不外乎智、情、意三者之範圍明矣。然使因此而謂智、情、意三者，無論何時何地，必有良心作用存焉，則亦不然。蓋必其事有善惡可判者。求其行為所由始，而始有良心作用之可言也。故倫理學之所謂行為，本指其特別者，而非包含一切之行為。因而意志及動機，凡為行為之原質者，亦不能悉納諸倫理之範圍。惟其意志、動機之屬，既已為倫理學之問題者，則其中不能不有良心作用，固可知矣。

良心者，不特發於己之行為，又有因他人之行為而起者。如見人行善，而有親愛尊敬讚美之作用；見人行惡，而有憎惡輕侮非斥之作用是也。

良心有無上之權力，以管轄吾人之感情。吾人於善且正者，常覺其不可不為，於惡且邪者，常覺其不可為。良心之命令，常若迫我以不能不從者，是則良心之特色，而為其他意識之所無者也。

良心既與人以行為、不行為之命令，則吾人於一行為，其善惡邪正在疑似之間者，決之良心可矣。然人苟知識未充，或情慾太盛，則良心之力，每為妄念所阻。蓋常有行事之際，良心與妄念交戰於中，或終為妄念所勝者，其或邪惡之行為，已成習慣，則非痛除妄念，其

良心之力，且無自而伸焉。

幼稚之年，良心之作用，未盡發達，每不知何者為惡，而率爾行之，如殘虐虫鳥之屬是也。而世之成人，亦或以政治若宗教之關係，而持其偏見，恣其非行者。毋亦良心作用未盡發達之故歟？

良心雖人所同具，而以教育經驗有淺深之別，故良心發達之程度，不能不隨之而異，且亦因人性質而有厚薄之別。又竟有不具良心之作用，如肢體之生而殘廢者，其人既無領會道德之力，則雖有合於道德之行為，亦僅能謂之偶合而已。

以教育經驗，發達其良心，青年所宜致意。然於智、情、意三者，不可有所偏重，而捨其餘。使有好善惡惡之情，而無識別善惡之智力，則無意之中，恆不免自納於邪。況文化日開，人事日繁，識別善惡，亦因而愈難，故智力不可不養也。有識別善惡之智力矣，而或弱於遂善避惡之意志，則與不能識別者何異？世非無富於經驗之士，指目善惡，若燭照數計，而違悖道德之行，卒不能免，則意志薄弱之故也。故智、情、意三者，不可以不並養焉。

◑ 第四節 良心之起原

> **提要**
>
> 　　本節述良心因經驗而發現，人生而有良心，皆因物競天擇，精神日益發達，此為進化定例。
>
> 　　同情為良心作用之端緒，為人類不滅之性質。

　　人之有良心也，何由而得之乎？或曰：天賦之；或曰：生而固有之；或曰：由經驗而得之。

　　天賦之說，最為茫然而不可信，其後二說，則僅見其一方面者也。蓋人之初生，本具有可以為良心之能力，然非有種種經驗，以涵養而擴充之，則其作用亦無自而發現。如植物之種子然，其所具胚胎，固有可以發育之能力，然非得日光水氣之助，則無自而萌芽也。故論良心之本原者，當合固有及經驗之兩說，而其義始完。

　　人所以固有良心之故，則昔賢進化論，嘗詳言之。蓋一切生物，皆不能免於物競天擇之歷史，而人類固在其中。競爭之效，使其身體之結構，精卵〔神〕之作用，宜者日益發達，而不宜者日趨於消滅，此進化之定例也。人之生也，不能孤立而自存，必與其他多數之人，

相集合而為社會，為國家，而後能相生相養。夫既以相生相養為的，則其於一羣之中，自相侵凌者，必被淘汰於物競之界，而其種族之能留遺以至今者，皆其能互相愛護故也。此互相愛護之情曰同情。同情者，良心作用之端緒也，由此端緒，而本遺傳之理，祖孫相承，次第進化，遂為人類不滅之性質，其所由來也久矣。

第三章

理想論

● 第一節 **總論**

> **提要**
>
> 　本節先言行為以善惡為標準，良心為理想之標
> 準，由志向達成之。
>
> 　理想因人而異，亦因時而異，理想隨境遇而益
> 進，務求實現需有堅忍之力。

　　權然後知輕重，度然後知長短，凡兩相比較者，皆
不可無標準。今欲即人之行為，而比較其善惡，將以何
者為標準乎？曰：至善而已；理想而已；人生之鵠而已。
三者其名雖異，而核之於倫理學，則其義實同。何則？
實現理想，而進化不已，即所以近於至善，而以達人生
之鵠也。

持理想之標準，而判斷行為之善惡者，誰乎？良心也。行為猶兩造，理想猶法律，而良心則司法官也。司法官標準法律，而判斷兩造之是非，良心亦標準理想，而判斷行為之善惡也。

夫行為有內在之因，動機是也；又有外在之果，動作是也。今即行為而判斷之者，將論其因乎？抑論其果乎？此為古今倫理學者之所聚訟。而吾人所見，則已於良心論中言之，蓋行為之果，或非人所能預料，而動機則又止於人之慾望之所注，其所以達其慾望者，猶未具也。故兩者均不能專為判斷之對象，惟兼取動機及其預料之果，乃得而判斷之，是之謂志向。

吾人既以理想為判斷之標準，則理想者何謂乎？曰：窺現在之缺陷而求將來之進步，冀由是而馴至於至善之理想是也。故其理想，不特人各不同，即同一人也，亦復循時而異。如野人之理想，在足其衣食；而識者之理想，在屬於道義；此因人而異者也。吾前日之所是，及今日而非之；吾今日之所是，及他日而又非之；此一人之因時而異者也。

理想者，人之希望，雖在其意識中，而未能實現之於實在，且恆與實在者相反，及此理想之實現，而他理想又從而據之，故人之境遇日進步，而理想亦隨而益進。理想與實在，永無完全符合之時，如人之夜行，欲

踏己影而終不能也。

惟理想與實在不同，而又為吾人必欲實現之境，故吾人有生生不息之象。使人而無理想乎，夙興夜寐，出作入息，如機械然，有何生趣？是故人無賢愚，未有不具理想者。惟理想之高下，與人生品行，關係至巨。其下者，囿於至淺之樂天主義，奔走功利，老死而不變；或所見稍高，而欲以至簡之作用達之，及其不果，遂意氣沮喪，流於厭世主義，且有因而自殺者，是皆意力薄弱之故也。吾人不可無高尚之理想，而又當以堅忍之力向之，日新又新，務實現之而後已，斯則對於理想之責任也。

理想之關係，如是其重也，吾人將以何者為其內容乎？此為倫理學中至大之問題，而古來學說之所以多歧者也。今將述各家學說之概略，而後以吾人之意見抉定之。

◑ 第二節　快樂說

> **提要**
>
> 　　本節先說明有人以快樂為人生之鵠。以身體之快樂為鵠者是為悖謬。獨樂不足為準的，捨己徇人亦不近人情。
>
> 　　真正的快樂乃以人我同樂為鵠；快樂隨人而不同。快樂為道德之效果；道德理想實現，為快樂之高尚者。

　　自昔言人生之鵠者，其學說雖各不同，而可大別為三：快樂說，克己說，實現說，是也。

　　以快樂為人生之鵠者，亦有同異。以快樂之種類言，或主身體之快樂，或主精神之快樂，或兼二者而言之。以享此快樂者言，或主獨樂，或主公樂。主公樂者，又有捨己徇人及人己同樂之別。

　　以身體之快樂為鵠者，其悖謬蓋不待言。彼夫無行之徒，所以喪產業，損名譽，或併其性命而不顧者，夫豈非殉於身體之快樂故耶？且身體之快樂，人所同喜，不待教而後知，亦何必揭為主義以張之？徒足以助縱慾

敗度者之焰，而誘之於陷井耳。血氣方壯之人，幸毋為所惑焉。

獨樂之說，知有己而不知有人，苟吾人不能離社會而獨存，則其說決不足以為道德之準的，而捨己徇人之說，亦復不近人情，二者皆可以捨而不論也。

人我同樂之說，亦謂之功利主義，以最多數之人，得最大之快樂，為其鵠者也。彼以為人之行事，雖各不相同，而皆所以求快樂，即為蓄財產養名譽者，時或耐艱苦而不辭，要亦以財產名譽，足為快樂之預備，故不得不捨目前之小快樂，以預備他日之大快樂耳。而要其趨於快樂則一也，故人不可不以最多數人得最大快樂為理想。

夫快樂之不可以排斥，固不待言。且精神之快樂，清白高尚，尤足以鼓勵人生，而慰藉之於無聊之時。其裨益於人，良非淺鮮。惟是人生必以最多數之人，享最大之快樂為鵠者，何為而然歟？如僅曰社會之趨勢如是而已，則尚未足以為倫理學之義證。且快樂者，意識之情狀，其淺深長短，每隨人而不同，我之所樂，人或否之；人之所樂，亦未必為我所贊成。所謂最多數人之最大快樂者，何由而定之歟？持功利主義者，至此而窮矣。

蓋快樂之高尚者，多由於道德理想之實現，故快樂者，實行道德之效果，而非快樂即道德也。持快樂說者，據意識之狀況，而揭以為道德之主義，故其說有不可通者。

● 第三節　**克己論**

提要

　　本節指出克己説反對快樂説，其中又分為遏慾與
節慾二類。

　　良心説者認為應質行為於良心。此亦為節慾説
之流。

　　克己説亦非完全之學説，其弊頗多。

　　反對快樂説而以抑制情慾為主義者，克己説也。克
己説中，又有遏慾與節慾之別。遏慾之説，謂人性本善，
而情慾淆之，乃陷而為惡。故慾者，善之敵也；遏慾者，
可以去惡而就善也。節慾之説，謂人不能無慾，徇慾而
忘返，乃始有放僻邪侈之行。故人必有所以節制其慾者
而後可，理性是也。

　　又有為良心説者，曰：人之行為，不必別立標準，
比較而擬議之，宜以簡直之法，質之於良心；良心所是
者行之，否者斥之。是亦不外乎使情慾受制於良心，亦
節慾説之流也。

　　遏慾之説，悖乎人情，殆不可行。而節慾之説，亦

尚有偏重理性而疾視感情之弊。且克己諸説，雖皆以理性為中堅，而於理性之內容，不甚研求，相競於避樂就苦之作用，而能事既畢，是僅有消極之道德，而無積極之道德也。東方諸國，自昔偏重其説，因以妨私人之發展，而阻國運之伸張者，其弊頗多。其不足以為完全之學説，蓋可知矣。

◑ 第四節 **實現說**

提要

　　本節先指出追求智、情、意三者悉達之的實現說，為純粹之道德主義。

　　人性之完成在於發展人格，人格價值即為人之價值，故需重視保全人格之道。

　　人格以蓋棺論定，但其壽命卻無限量。發展人格在致力本務，人格發展必與社會相應。

　　快樂說者，以達其情為鵠者也；克己說者，以達其智為鵠者也。人之性，既包智、情、意而有之，乃捨其二而取其一，揭以為人生之鵠，不亦偏乎？必也舉智、情、意三者而悉達之，盡現其本性之能力於實在，而完成之，如是者，始可以為人生之鵠，此則實現說之宗旨，而吾人所許為純粹之道德主義者也。

　　人性何由而完成？曰：在發展人格。發展人格者，舉智、情、意而統一之光明之之謂也。蓋吾人既非木石，又非禽獸，則自有所以為人之品格，是謂人格。發展人格，不外乎改良其品格而已。

人格之價值，即所以為人之價值也。世界一切有價值之物，無足以擬之者，故為無對待之價值。雖以數人之人格言之，未嘗不可為同異高下之比較；而自一人言，則人格之價值，不可得而數量也。

人格之可貴如此，故抱發展人格之鵠者，當不以富貴而淫，不以貧賤而移，不以威武而屈。死生亦大矣，而自昔若顏真卿、文天祥輩，以身殉國，曾不躊躇，所以保全其人格也。人格既墮，則生亦胡顏；人格無虧，則死而不朽。孔子曰：「朝聞道，夕死可矣。」良有以也。

自昔有天道福善禍淫之說，世人以跖蹻之屬，窮凶而考終，夷齊之論，求仁而餓死，則輒謂天道之無知，是蓋見其一而不見其二者。人生數十寒暑耳，其間窮通得失，轉瞬而逝；而蓋棺論定，或流芳百世，或遺臭萬年，人格之價值，固歷歷不爽也。

人格者，由人之努力而進步，本無止境，而其壽命，亦無限量焉。向使孔子當時為桓魋所殺，孔子之人格，終為百世師。蘇格拉底雖仰毒而死，然其人格，至今不滅。人格之壽命，何關於生前之境遇哉？

發展人格之法，隨其人所處之時地而異，不必苟同，其致力之所，即在本務，如前數卷所舉，對於自己、若家族、若社會、若國家之本務皆是也。而其間所尤當致意者，為人與社會之關係。蓋社會者，人類集合之

有機體。故一人不能離社會而獨存,而人格之發展,必
與社會之發展相應。不明乎此,則有以獨善其身為鵠,
而不措意於社會者。豈知人格者,謂吾人在社會中之品
格,外乎社會,又何所謂人格耶?

第四章

本務論

◑ 第一節 本務之性質及緣起

> **提要**
>
> 　　本節先述本務有不可為及不可不為兩義，發展人格不能不異其方法，本務之觀念起於良心，其節目則準諸理想。
>
> 　　道德之本務乃無可解免，亦不可強制。道德之權利與法律所定之權利，頗異其性質。

　　本務者，人生本份之所當盡者也，其中有不可為及不可不為之兩義。如孝友忠信，不可不為者也；竊盜欺詐，不可為者也。是皆人之本份所當盡者，故謂之本務。既知本務，則必有好惡之感情隨之，而以本務之盡否為苦樂之判也。

人生之鵠，在發展其人格，以底於大成。其鵠雖同，而所以發展之者，不能不隨時地而異其方法。故所謂當為、不當為之事，不特數人之間，彼此不能強同，即以一人言之，前後亦有差別。如學生之本務，與教習之本務異；官吏之本務，與人民之本務異；均是忠也，軍人之忠，與商賈之忠異，是也。

人之有當為不當為之感情，即所謂本務之觀念也。是何由而起乎？曰自良心。良心者，道德之源泉，如第二章所言是也。

良心者，非無端而以某事為可為、某事為不可為也，實核之於理想。其感為可為者，必其合於理想者也；其感為不可為者，必背於理想者也。故本務之觀念，起於良心，而本務之節目，實準諸理想。理想者，所以赴人生之鵠者也。然則謂本務之緣起，在人生之鵠可也。

本務者，無時可懈者也。法律所定之義務，人之負責任於他人若社會者，得以他人若社會之意見而解免之。道德之本務，則與吾身為形影之比附，無自而解免之也。

然本務亦非責人以力之所不及者，按其地位及境遇，盡力以為善斯可矣。然則人者，既不能為本務以上之善行，亦即不當於本務以下之行為，而自謂已足也。

人之盡本務也，其始若難，勉之既久，而成為習慣，則漸造自然矣。或以為本務者，必寓有強制之義，從容中道者，不可以為本務，是不知本務之義之言也。蓋人之本務，本非由外界之驅迫，不得已而為之，乃其本份所當然耳。彼安而行之者，正足以見德性之成立，較之勉強而行者，大有進境焉。

　　法律家之恆言曰：有權利必有義務；有義務必有權利。然則道德之本務，亦有所謂權利乎？曰有之。但與法律所定之權利，頗異其性質。蓋權利之屬，本乎法律者，為其人所享之利益，得以法律保護之；其屬於道德者，則惟見其反抗之力，即不盡本務之時，受良心之呵責是也。

◑ 第二節 **本務之區別**

提要

　　本節言本務緩急之別。

　　本務有大者重者，亦有小者輕者，常因時地而變，宜審當時之情形而定。

　　人之本務，隨時地而不同，既如前說。則列舉何等之人，而條別其本務，將不勝其煩，而溢於理論倫理學之範圍。至因其性質之大別，而辜較論之，則又前數卷所具陳也，今不贅焉。

　　今所欲論者，乃在本務緩急之別。蓋既為本務，自皆為人所不可不盡，然其間自不能無大小輕重之差。人之行本務也，急其大者重者，而緩其小者輕者，所不待言。惟人事蓄變，錯綜無窮，置身其間者，不能無歧路亡羊之懼。如石奢追罪人，而不知殺人者乃其父；王陵為漢禦楚，而楚軍乃以其母劫之。其間顧此失彼，為人所不能不惶惑者，是為本務之矛盾，斷之者宜審當時之情形而定之。蓋常有輕小之本務，因時地而轉為重大；亦有重大之本務，因時地而變為輕小者；不可以膠柱而鼓瑟也。

● 第三節 **本務之責任**

提要

　　本節言人有實行本務之責任，而實行本務於善否之間，在其志向。

　　因人意志自由，故行事需負責，責任與良心之關係尤為密切。

　　人既有本務，則即有實行本務之責任，苟可以不實行，則亦何所謂本務。是故本務觀念中，本含有責任之義焉。惟是責任之關於本務者，不特在未行之先，而又負之於既行以後。譬如同宿之友，一旦罹疾，盡心調護，我之本務，有實行之責任者也；實行以後，調護之得當與否，我亦不得不任其責。是故責任有二義。而今之所論，則專屬於事後之責任焉。

　　夫人之實行本務也，其於善否之間，所當任其責者何在？曰在其志向。志向者，兼動機及其預料之果而言之也。動機善矣，其結果之善否，苟為其人之所能預料，則亦不能不任其責也。

　　人之行事，何由而必任其責乎？曰：由於意志自由。凡行事之始，或甲或乙，悉任其意志之自擇，而別

無障礙之者也。夫吾之意志，既選定此事，以為可行而行之，則其責不屬於吾而誰屬乎？

自然現象，無不受範於因果之規則，人之行為亦然。然當其未行之先，行甲乎，行乙乎？一任意志之自由，而初非因果之規則所能約束，是即責任之所由生，而道德法之所以與自然法不同者也。

本務之觀念，起於良心，既於第一節言之。而責任之與良心，關係亦密。凡良心作用未發達者，雖在意志自由之限，而其對於行為之責任，亦較常人為寬，如兒童及蠻人是也。

責任之所由生，非限於實行本務之時，則其與本務關係較疏。然其本原，則亦在良心作用，故附論於本務之後焉。

第五章

德　論

● 第一節　德之本質

> **提要**
>
> 　　本節指出實行本務，要以德出發。
>
> 　　德之原質，賅有智、情、意三者。

　　凡實行本務者，其始多出於勉強，勉之既久，則習與性成。安而行之，自能訢合於本務，是之謂德。

　　是故德者，非必為人生固有之品性，大率以實行本務之功，涵養而成者也。顧此等品性，於精神作用三者將何屬乎？或以為專屬於智，或以為專屬於情，或以為專屬於意。然德者，良心作用之成績。良心作用，既賅智、情、意三者而有之，則以德之原質，為有其一而遺其二者，謬矣。

人之成德也，必先有識別善惡之力，是智之作用也。既識別之矣，而無所好惡於其間，則必無實行之期，是情之作用，又不可少也。既識別其為善而篤好之矣，而或猶豫畏葸，不敢決行，則德又無自而成，則意之作用，又大有造於德者也。故智、情、意三者，無一而可偏廢也。

● 第二節 德之種類

提要

　　本節先言中外學者對德之種類有不同說法，德有
內外兩方面。

　　要之，德為人生本務之大綱。

　　德之種類，在昔學者之所揭，互有異同。如孔子說
以智、仁、勇三者，孟子說以仁、義、禮、智四者，董
仲舒說以仁、義、禮、智、信五者；希臘拍拉圖[6]說以智、
勇、敬、義四者，雅里士多德[7]說以仁、智二者；果以何
者為定論乎？

　　吾儕之意見，當以內外兩方面別類之。自其作用之
本於內者而言，則孔子所舉智、仁、勇三德，即智、情、
意三作用之成績，其說最為圓融。自其行為之形於外者
而言，則當為自修之德，對於家族之德，對於社會之德，
對於國家之德，對於人類之德。凡人生本務之大綱，即
德行之最目焉。

6　拍拉圖（Plato）：今譯柏拉圖。

7　雅里士多德（Aristotle）：今譯亞里斯多德。

> **提要**
>
> 　　本節先指出修德之道在於先養良心，良心發現即為修德之基。
>
> 　　為善無分大小，去惡則為行善之本。
>
> 　　有過需改，悔悟為去惡遷善之機。進德貴於自省，但自知猶難，需勤加鍛煉，以培養德性。

　　修德之道，先養良心。良心雖人所同具，而汩於惡習，則其力不充，然苟非梏亡殆盡。良心常有發現之時，如行善而愜，行惡而愧是也。乘其發現而擴充之，涵養之，則可為修德之基矣。

　　涵養良心之道，莫如為善。無問巨細，見善必為，日積月累，而思想云為，與善相習，則良心之作用昌矣。世或有以小善為無益而弗為者，不知善之大小，本無定限，即此弗為小善之見，已足誤一切行善之機會而有餘，他日即有莫大之善，亦將貿然而不之見。有志行善者，不可不以此為戒也。

　　既知為善，尤不可無去惡之勇。蓋善惡不並立，

去惡不盡，而欲滋其善，至難也。當世弱志薄行之徒，非不知正義為何物，而逡巡猶豫，不能決行者，皆由無去惡之勇，而惡習足以掣其肘也。是以去惡又為行善之本。

人即日以去惡行善為志，然尚不能無過，則改過為要焉。蓋過而不改，則至再至三，其後遂成為性癖，故必慎之於始。外物之足以誘惑我者，避之若浼，一有過失，則翻然悔改，如去垢衣。勿以過去之不善，而遂誤其餘生也。惡人洗心，可以為善人；善人不改過，則終為惡人。悔悟者，去惡遷善之一轉機，而使人由於理義之途徑也。良心之光，為過失所壅蔽者，至此而復煥發。緝之則日進於高明，熄之則頓沉於黑暗。微乎危乎，悔悟之機，其慎勿縱之乎。

人各有所長，即亦各有所短；或富於智慮，而失之怯懦；或勇於進取，而不善節制。蓋人心之不同，如其面焉。是以人之進德也，宜各審其資稟，量其境遇，詳察過去之歷史，現在之事實，與夫未來之趨向，以與其理想相準，而自省之。勉其所短，節其所長，以求達於中和之境。否則從其所好，無所顧慮，即使賢智之過，迥非愚不肖者所能及，然伸於此者詘於彼，終不免為道德界之畸人矣。曾子有言，吾日三省吾身，以彼大賢，猶不敢自縱如此，況其他乎？

然而自知之難，賢哲其猶病諸。徒恃返觀內省，尚不免於失真；必接種種人物，涉種種事變，而屢省驗之；又復質詢師友，博覽史籍，以補其不足。則於鍛鍊德性之功，庶乎可矣。

第 六 章

結　論

提要

　　本節總結道德有積極及消極之別，獨善之君子未可以為完人。

　　人類不可無積極之道德，至於消極之道德必以積極之道德濟之。

　　道德有積極、消極二者。消極之道德，無論何人，不可不守。在往昔人權未昌之世，持之最嚴。而自今日言之，則僅此而已，尚未足以盡修德之量。蓋其人苟能屏出一切邪念，志氣清明，品性高尚，外不愧人，內不自疚，其為君子，固無可疑，然尚囿於獨善之範圍，而未可以為完人也。

　　人類自消極之道德以外，又不可無積極之道德，既

涵養其品性，則又不可不發展其人格也。人格之發展，在洞悉夫一身與世界種種之關係，而開拓其能力，以增進社會之利福。正鵠既定，奮進而不已，每發展一度，則其精進之力，必倍於前日。縱觀立功成事之人，其進步之速率，無不與其所成立之事功而增進，固隨在可證者。此實人格之本性，而積極之道德所賴以發達者也。

然而人格之發展，必有種子，此種子非得消極道德之涵養[8]，不能長成[9]，而非經積極道德之擴張，則不能蕃盛。故修德者，當自消極之道德始，而又必以積極之道德濟之。消極之道德，與積極之道德，譬猶車之有兩輪，鳥之有兩翼焉，必不可以偏廢也。

8　蔡元培將「涵養」改為「保護」。

9　蔡元培將「長成」改為「生存」。